T0151759

DISCOURS
DE LA SERVITUDE VOLONTAIRE

PHILOSOPHIES DE LA RENAISSANCE

Directeur : Tristan Dagron

Cette série fait partie de la collection « Bibliothèque des textes philosophiques » dirigée par Emmanuel Cattin

BIBLIOTHÈQUE DES TEXTES PHILOSOPHIQUES

PHILOSOPHIES DE LA RENAISSANCE

Étienne de La BOÉTIE

DISCOURS
DE LA SERVITUDE VOLONTAIRE

Présentation de
Tristan DAGRON

Texte établi et annoté

par

André TOURNON

Avec en annexe
une mise au point sur l'attribution à La Boétie
du *Mémoire touchant à l'Edit de Janvier 1562*

PARIS
LIBRAIRIE PHILOSOPHIQUE J. VRIN
6, Place de la Sorbonne, V e

2019

© *Librairie Philosophique J. VRIN*, 2014

Imprimé en France

ISSN 0249-7972

ISBN 978-2-7116-2563-5

www.vrin.fr

PRÉSENTATION

Le *Discours de la servitude volontaire* d'Étienne de La Boétie (1530-1563), par sa singularité sa brièveté et surtout par la radicalité de sa critique, est à mettre au nombre de ces grandes œuvres de la Renaissance qui continuent de fasciner le lecteur, au même titre que le *Prince*, l'*Utopie* ou le *Discours sur la dignité de l'homme*, pour n'en citer que les plus célèbres. Dans sa forme même d'abord. Le *Discours de la servitude volontaire* est un texte politique qui se dérobe délibérément à la forme convenue du traité : il ne se propose ni de fonder, ni de légitimer aucun ordre politique, ni même de mettre en avant aucun « bon usage » de la puissance. D'emblée est écartée la « question tant pourmenée » du meilleur gouvernement. Son objet est un paradoxe, celui de la « servitude volontaire », c'est-à-dire le scandale d'une servitude qui ne procède pas d'une contrainte extérieure, mais d'un consentement intérieur de la victime elle-même devenue complice de son tyran. L'oppression n'y est envisagée du point de vue d'aucune norme : aucune domination légitime ne vient servir de contre-point au pouvoir tyrannique, et la question des prérogatives du gouvernement civil n'y est pas même abordée. La Boétie se contente de noter que, dans le monde en général, il y a des tyrans, et qu'en définitive, ces maîtres ne se maintiennent que moyennant la complaisance inouïe de ceux qu'ils assujettissent. L'intention du *Discours* n'est donc pas de fonder, mais bien au contraire de dénoncer l'absence de fondement d'une autorité qui ne repose ni sur la force, ni sur la crainte, mais sur la complicité de tous, ou presque. Le *Discours* échappe ainsi aux poncifs du « méchant roi » ou du « mauvais usage de la force » contre lesquels une constitution réglée permettrait de se prémunir. Et il n'accorde pas plus crédit à l'argument tiré de la soumission nécessaire à l'autorité, au nom de l'intérêt général.

Si l'on peut dire que le *Discours* est une œuvre *sui generis*, c'est certainement que l'est au premier chef la figure de la tyrannie qu'il met en scène. Irréductible à toute forme de gouvernement, elle a pour ressort essentiel cette servitude qui, loin d'en être l'effet, en apparaît comme le support. C'est la raison pour laquelle la tyrannie n'est pas pensée en termes de contrariété, comme un défaut relatif seulement, mais sous l'espèce de la contradiction, comme paradoxe. Dans la médecine de La Boétie, la maladie ou la dégénérescence n'affecte pas seulement le corps en l'affaiblissant : la « partie véreuse » s'y caractérise par sa puissance d'attraction et de reconfiguration du tout. La corruption ordonne et hiérarchise. La tyrannie pervertit de même, engendrant sa cohorte de « tyranneaux », et ne se soutient que de la perversion des sujets ainsi dénaturés et « charmés par le nom seul d'un ». C'est la raison pour laquelle La Boétie, écartant d'emblée la question de la forme du gouvernement, peut opposer tyrannie et république (en un sens générique qui inclut les formes traditionnelles du gouvernement), comme deux « genres » que sépare une infranchissable solution de continuité. Là où « tout est à un », rien n'est plus commun et aucune « chose publique » ne saurait subsister. Or la racine de cette appropriation tyrannique qui anéantit ainsi la « communauté » elle-même, c'est, en chacun, l'aliénation consentie ou la « servitude volontaire ».

Que la nature soit si précaire, que la liberté « naïve » puisse si aisément se retourner contre elle-même, que la corruption se transforme si facilement en perversion, c'est sans doute la thèse la plus forte du *Discours*, et la plus typique aussi de l'humanisme de la Renaissance, qui a cessé, pour une part, de penser les paradoxes de l'existence humaine à la lumière du grand drame eschatologique, pour faire de la contradiction et de la folie une possibilité immanente de la nature, et au regard duquel, en retour, les voies du salut sont celles de la mémoire et des œuvres. C'est sans doute l'une des raisons pour lesquelles a été si mal compris et si peu reçu le paradoxe d'une « servitude volontaire ». La cause, en effet, n'en est peut-être pas tant la radicalité politique du *Discours*, sur laquelle on insiste le plus souvent, que la violence de la contradiction qui la commande. C'est en cela que les usages militants du *Discours*, notamment à l'époque des Lumières, en ont souvent édulcoré le sens et la portée en résorbant la contradiction dans une théorie de la connaissance et de l'« idée vraie », et en substituant ainsi à la volonté de servitude une doctrine de l'erreur et de l'illusion.

La forme de la contradiction a peut-être bien cet effet : celui d'interdire toute réappropriation apologétique du *Discours*. La figure de la servitude volontaire n'appartient pas à l'histoire, car la tyrannie qu'on y décrit « se fait en tous pays, par tous les hommes, tous les jours » : non seulement dans les États, mais partout, et en tout lieu. Elle n'est pas non plus une situation dont la théorie pourrait s'affranchir : la contradiction, pensée par La Boétie comme une possibilité immanente, ne se laisse résoudre ni dans une théorie de la connaissance, ni dans aucun dispositif juridique, et certainement pas dans la forme du « contrat ». En ce sens, La Boétie n'est pas un précurseur. Si le droit naturel joue évidemment une si grande place dans le *Discours*, La Boétie refuse pourtant que la nature y serve jamais d'alibi. C'est pourquoi, d'ailleurs, l'invocation d'une liberté « naïve » et de la « fraternelle affection » échappe à la vision d'un « état de nature ». La série des devoirs et des règles d'échange commandés par notre « franchise naturelle » n'a pas à être identifiée seulement dans un lointain utopique ou mythique, dans d'improbables « sociétés sans classes » : elle constitue, aux yeux de La Boétie (suivant Cicéron), la forme même de la communauté. Et aux nôtres, peut-être, elle pourrait bien nous permettre de comprendre qu'une liberté véritablement politique passe par la résistance à la tyrannie d'une économie de la rivalité généralisée.

Plusieurs siècles après La Boétie, dans son *Essai sur le don*, Mauss, après avoir suggéré l'existence, dans des sociétés dites « archaïques », d'un ordre de l'échange-don qui commanderait les relations entre groupes opposés, effectue un effort de mémoire analogue en montrant que, dans un monde qui manifeste toujours plus la « sordide envie », cette solidarité ne nous est pourtant pas si lointaine, qu'elle ne représente aucunement, de nos jours, une survivance archaïque ou un idéal anachronique, mais que l'art de « s'opposer sans se massacrer et de se donner sans se sacrifier les uns aux autres », constitue bien « l'art suprême, la *Politique*, au sens socratique du mot ». Et Mauss ne peut le faire, semble-t-il, qu'en renonçant à résorber la contradiction ou, comme il l'appelle, « l'instabilité entre la fête et la guerre ».

Argument du Discours

L'une des ambiguïtés principales du *Discours* tient à son usage de la notion de volonté. L'idée de « servitude volontaire » s'impose au terme d'une rapide introduction dans laquelle La Boétie écarte l'argument qui ferait de l'assujettissement l'effet de la force ou de la contrainte. Le tyran n'a jamais, à lui seul, la force de coercition suffisante pour soumettre tout un peuple. Pour le défaire, il suffit que « le pays ne consente à sa servitude ». La conclusion s'impose alors, au moins provisoirement : « Ce sont donc les peuples mêmes qui se laissent ou plutôt se font gourmander, puisqu'en cessant de servir, il en seraient quittes ; c'est le peuple qui s'asservit, qui se coupe la gorge, qui, ayant le choix ou d'être serf, ou d'être libre, quitte sa franchise et prend le joug : qui consent à son mal ou plutôt le pourchasse » (p. 39-40). Si la soumission n'est pas contrainte par la force, c'est qu'elle est libre. La « servitude volontaire » est simplement inférée de l'alternative convenue entre la coercition extérieure et le consentement libre, et peut-être même conscient et délibéré. L'inférence est évidemment discutable, tout comme l'alternative qui la fonde : l'ensemble du *Discours* sera consacré à sa remise en question : « Cherchons par conjecture, si nous en pouvons trouver, comment s'est ainsi si avant [= profondément] enracinée cette opiniâtre volonté de servir, qu'il semble maintenant que l'amour même de la liberté ne soit pas si naturel » (p. 45).

Après avoir invoqué la « fraternelle affection », l'amitié ou la philanthropie, au fondement, selon Cicéron, de la vie sociale, mais aussi l'exemple des bêtes qui témoignent d'un désir naturel de liberté, La Boétie reformule la question de manière plus précise : « quel malencontre a été cela qui a pu tant dénaturer l'homme seul né, de vrai, pour vivre franchement, et lui faire perdre la souvenance de son premier être, et le désir de le reprendre ? » (p. 50). A la différence de Rousseau qui évoque un événement originaire au fondement de l'inégalité entre les hommes, La Boétie ne propose aucun récit de ce « malencontre ». Il ne se fonde pas non plus sur le récit biblique du péché et de la chute, traditionnellement invoqué pour rendre raison de la corruption de la nature première de l'humanité. Il indique seulement que la perte de cette nature est double : elle regarde la mémoire et le désir de liberté. La mémoire ne renvoie pas ici à la seule faculté de se remémorer des événements du passé, mais à la capacité représentative en général, tout particulièrement dans sa dimension réflexive. La corruption porte conjointement sur la faculté de connaître et sur la faculté de désirer.

La première hypothèse avancée pour rendre compte de cette double perte est la coutume : « la première raison de la servitude volontaire, c'est la coutume » (p. 63). C'est l'unique occurrence du syntagme de « servitude volontaire » dans le *Discours*. La coutume, telle que l'entend ici La Boétie, est rendue responsable de l'altération, voire de la transformation de la nature même de l'homme. Ses effets sont de l'ordre de l'accoutumance et de l'insensibilisation. Dans le passage consacré au petit nombre des « mieux nés » qui « ne s'apprivoisent jamais à la sujétion », La Boétie associe explicitement le désir de liberté au sentiment de déplaisir liée à la servitude : même si la liberté avait été totalement bannie du monde, l'expérience douloureuse de la servitude devrait permettre d'imaginer, de sentir et de désirer la liberté, c'est-à-dire d'en produire une représentation (p. 64-65). Au lieu de cela, ce sont les facultés mentales qui sont attaquées et dénaturée par la tyrannie, qui ôte aux hommes la liberté « de faire, de parler, et quasi de penser » : isolés les uns des autres, « ils deviennent tous singuliers en leurs fantaisies » (p. 66), rendus incapables de communiquer ou de partager leur désir de liberté.

Suit l'évocation des instruments de la tyrannie, responsables de l'accoutumance et de l'abêtissement des peuples, et

ÉLÉMENTS BIBLIOGRAPHIQUES

Cette bibliographie est indicative et comprend principalement des titres publiés après 1976. Pour une bibliographie plus complète, on peut consulter le recueil de M. Magnien, *Étienne de la Boétie*, Rome, Memini, 1997.

Éditions récentes du Discours

– *Le Discours de la Servitude volontaire*, texte établi par P. Léonard (sur la base du manuscrit De Mesmes, variantes au complet pour l'époque), suivi de : *La Boétie et la question du politique*, textes de F. de Lammenais, P. Leroux, A. Vermorel, G. Landauer, S. Weil et de M. Abensour, M. Gauchet, P. Clastres et C. Lefort, Paris, Payot, 1976.

– *Discours de la Servitude volontaire*, chronologie, introduction, bibliographie, notes par S. Goyard-Fabre, Paris, GF-Flammarion, 1973.

– *De la Servitude volontaire ou Contr'un*, édition, introduction et notes par M. Smith, Genève, Droz, 1987.

– *Œuvres complètes*, introduction, bibliographie et notes par L. Desgraves, Bordeaux, W. Blake, 1991.

– *Discours de la Servitude volontaire*, présenté par F. Bayard, Paris, Imprimerie nationale, 1992 (texte de 1578, De Mesmes en variante).

– *De la Servitude volontaire ou Contr'un*, édition (avec apparat critique) et présentation par N. Gontarbert, Paris, Gallimard,

1993, repris en TEL (texte De Mesmes, variantes au complet, voir les corrections de R. Ragghianti, *Rétablir un texte*, p. 76).

– *Discours de la servitude volontaire ou Contr'un*. M. de Montaigne, *Lettres de l'amitié*, *in* G. Allard, *La Boétie et Montaigne : sur les liens humains*, Sainte-Foy (Québec), Le Griggon d'argile, 1994.

– *Discours de la Servitude volontaire de La Boétie*, traduction de S. Auffret, Paris, Éditions Mille et une nuits, 1995.

—*Discours de la servitude volontaire*, texte établi et annoté par André et Luc Tournon, suivi de *Les paradoxes de la Servitude Volontaire*, par Ph. Audegean, T. Dagron, L. Gerbier, F. Lillo, O. Remaud, L. Tournon, Paris, Vrin, 2002.

RAGGIANTI R., *Rétablir un texte – Le* Discours de la servitude volontaire *d'Etienne de La Boétie*, Florence, Olschki, 2010 (travail précis et indispensable pour une étude philologique du *Discours*).

Choix de traductions
(italiennes, anglaises et allemandes)

– *La Servitù volontaria*, traduzione P. Fanfani. Introduzione A. Bonanno, Catania, Edizioni "Anarchismo", 1978.

– *Discorso sulla servitù volontaria*, traduzione e introduzione, Milan, L. Geninazzi, Jaca Book, 1979.

– *La servitù volontaria*, traduzione V. Papa. Introduzione, R. De Capua, Naples, Istituto per gli Studi filosofici, 1995.

– *Discorso sulla servitù volontaria*, traduzione F. Ciaramelli. Introduzione U. Olivieri, Turin, La Rosa, 1995.

– *Discorso di Stefano della Boétie, Della schiavitù volontaria o il Contra Uno, tradotto nell'italiano idioma [da Cesare Paribelli], Napoli, Anno settimo republicano [1799]*, *in* N. Panichi, *Plutarchus redivivus? La Boétie e i suoi interpreti*, Naples, Vivarium, 1999.

– *The Will to Bondage : being the 1577 text of the "Discours de la servitude volontaire" in parallel with the 1735 Translation as "A Discours of voluntary Servitude"*..., edited with annotations and an introduction by W. Flygare, Colorado Springs, Ralph Myles Publishers, 1974.

– *The politics of Obedience: the "Discourse of Voluntary Servitude"*, translated by H. Kurz. Introduction by M. N. Rothbard, New York-Montreal, Free Life-Black Rose Books, 1975.

– *Von der freiwilligen Knechtschaft*, Übersetzung von H. Günther, Francfort, Europäische Verlaganstalt, 1980, p. 2-27 (rééd. Hambourg, 1992).

Études sur La Boétie

ALLARD G., « Montaigne et La Boétie : révolution, réforme et *statu quo* », *in* D. Letocha (éd.), *Æquitas, æqualitas, auctoritas*, Paris, Vrin, 1992, p. 204-215.

BALSAMO J., « *Le plus meschant d'entre eux ne voudroit pas estre Roy*. La Boétie et Machiavel », *Montaigne Studies*, Université de Chicago, XI, Octobre 1999, 1-2, p. 5-27.

BIANCHI L., « Fascino del potere e servitù volontaria », *Studi storici*, XXI, 4, 1980, p. 819-833.

BIRNBAUM P., « Sur les origines de la domination politique. À propos d'Étienne de La Boétie et de Pierre Clastres », *Revue française de Sciences politiques*, 27, 1977, p. 5-21.

CASALS J., « Adviser et derrière et devant », *Corpus*, 28, 1995, p. 103-112.

CAVAILLÉ J.-P., « Langage, tyrannie et liberté dans le *Discours de la servitude volontaire* d'É. de La Boétie », *Revue des sciences philosophiques et théologiques*, 72-1, 1988, p. 3-30.

CICCONE A., « Aux sources du lien tyrannique », *Nouvelle revue de psychanalyse*, 76, 2012-1, p. 173-191.

CLASTRES P. « Le retour des Lumières », *Revue française de Sciences politiques*, 27, 1977, p. 22-28.

COCULA A.-M., *Étienne de La Boétie*, Bordeaux, Éditions Sud-Ouest, 1995.

– « Les dernières années de La Boétie : revirement ou continuité ? », *Montaigne Studies*, Université de Chicago, XI, Octobre 1999, 1-2, p. 29-43.

COMPAROT A., «La *Servitude volontaire*, ou la politique d'un humanisme chrétien», *Bulletin de la Société des Amis de Montaigne*, 21-22, 1985, p. 56-74.

D'ADDIO M., «Étienne de La Boétie e il vizio orrendo della servitù volontaria», in *Storia delle idee politiche, economiche e sociali*, UTET, Turin, 1987, III, *Il tirranicidio*, p. 567-574.

DEJOURS Ch., «Aliénation et clinique du travail», *Actuel Marx*, 39, 2006-1, p. 23-44.

DELACOMPTÉE J.-M., *Et qu'un seul soit l'ami. La Boétie*, Paris, Gallimard, 1995.

DESAN P., «La place de La Boétie dans les *Essais* ou l'espace problématique du chapitre 29», in Z. Samaras (éd.), *Montaigne : espace, voyage, écriture*, Paris, Champion, 1995, p. 181-189.

DESPLAT J. J., *La Boétie, le magistrat aux nombreux mystères*, Le Bugue, PLB, 1992.

DURAND J.-P., *La chaîne invisible. Travailler aujourd'hui : flux tendus et servitude volontaire*, Paris, Seuil, 2003.

ENRIQUEZ E., *Clinique du pouvoir. Les figures du maître*, Paris, Erès, 2007.

FANLO J.-R., «Les digressions nécessaires d'Étienne de La Boétie», *Bulletin de la Société des Amis de Montaigne*, Juillet-Décembre 1997, p. 63-79.

FERRAND A., «Emprise et lien tyrannique», *Connexions*, 95, 2011-1, p. 15-27.

FRANCON M., «Sur diverses interprétations du *Discours de la servitude volontaire*», *Francia*, IV, 32, 1979, p. 8-10.

GENINAZZI L., «Introduzione», in É. de La Boétie, *Discorso de la servitù volontaria*, Milan, Jaca Book, 1979, p. 9-60.

GEONGET S. et L. GERBIER (éd.), *Amitié et compagnie. Autour du Discours de la servitude volontaire de La Boétie, Cahiers La Boétie*, 1, Paris, Garnier, 2012.

GERBIER L. (éd.), *Lectures politiques de La Boétie, Cahiers La Boétie*, 3, Paris, Garnier, 2013.

GONTARBERT N., «Pour une lecture politique de *La servitude volontaire* d'Estienne de La Boétie», *Bulletin de la Société des Amis de Montaigne*, 1983, 13-14, p. 93-104 et 15-16, p. 61-83.

GOYARD-FABRE S., «Au tournant de l'idée de démocratie. L'influence des Monarchomaques», Caen, *Cahiers de philosophie politique et juridique*, 1, 1982, p. 27-48.

– «Le "peuple" et le droit d'opposition», Caen, *Cahiers de philosophie politique et juridique*, 2, 1982, p. 69-89.

GUERRIER O., «Aux origines du *Discours de la servitude volontaire* : autour d'un mot de Plutarque», *in* O. Guerrier (éd.), *Moralia et Œuvres morales à la Renaissance*, Paris, Champion, 2008, p. 232-352.

GUNTHER H., «Ein dialektischer Herrschaftsbegriff : La Boétie», in *Freiheit, Herrschaft und Geschichte. Semantik der historisch-politischen Welt*, Francfort, Suhrkamp, 1979, p. 134-136.

– «Einleitung – Quellen, Umkreis, Wirkung», *in* É. de La Boétie, *Von der freiwilligen Knechtschaft*, Francfort, Europäische Verlaganstalt, 1980, p. 2-27 (rééd. Hambourg, 1992).

– «"Nostre liberté volontaire" : La Boétie implicite dans les *Essais* de Montaigne», *in* I. Zinguer (éd.), *Le lecteur, l'auteur, l'écrivain. Montaigne*, Paris, Champion, 1993, p. 211-224.

HAMRAOUI E., «Servitude volontaire : l'analyse philosophique peut-elle éclairer la recherche pratique du clinicien ? », *Travailler*, 13, 2005-1, p. 35-52.

IAGOLNITZER M., «La publication du *Discours de la Servitude volontaire* dans les "Dialogi" ou le "Reveille-Matin des François"», *Bulletin de la Société des Amis de Montaigne*, avril-sept. 1976, p. 99-109.

JOUANNA A., *Le devoir de la Révolte. La noblesse et la gestation de l'Etat moderne* (1559-1661), Paris, Fayard, 1989.

KEHOANE N. O., «The Radical Humanism of É. de La Boétie», *Journal of the History of Ideas*, 38, 1977, p. 119-130.

– «Individualism and Humanism. *On voluntary Servitude* : La Boétie», in *Philosophy and the State in France, from the*

Renaissance to the Enlightenment, Princeton, Princeton University Press, 1980, p. 92-98.

LAFOND J., « *Le Discours de la servitude volontaire* de La Boétie et la rhétorique de la déclamation », *Mélanges sur la littérature de la Renaissance*, Genève, Droz, 1984, p. 735-745.

LUPI W., « Il più grande uomo del secolo. La Boétie modello di Montaigne », in D. Bigalli (éd.), *Ragione e "civilitas". Figure del vivere associato nella cultura del'500 europeo*, Milan, Angeli, 1986, p. 277-292.

MALANDAIN P., « La Boétie et la politique du texte », *Réforme, Humanisme et Renaissance*, 12, 1980, p. 33-41.

MAGNIEN M., « Lammenais éditeur de La Boétie », *Cahiers Mennaisiens*, 25, 1991, p. 38-55.

MAGNIEN M. (éd.), *La Boétie, Montaigne Studies*, XI, 1-2, 1999.

MCKINLEY M. B., « Les "champs vagues" de La Boétie », in *Les terrains vagues des Essais : itinéraires et intertextes*, Paris, Champion, 1996, p. 41-53.

OFFORD M., « Oratorical Devices *in* É. de La Boétie's *Discours de la servitude volontaire* », *Nottingham French Studies*, 17, 1, 1978, p. 11-38.

– « Il dono della servitù », *Igitur*, IX, 1, 1997, p. 83-92.

PANICHI N., « "…enchantés et charmés par le non seul d'un". Linguaggio e tirannia nella *Servitude volontaire* di Étienne de La Boétie », *Giornale critico della filosofia italiana*, 3, 1998, p. 351-377.

– *Plutarchus redivivus ? La Boétie e i suoi interpreti*, suivi de : *Discorso di Stefano della Boétie, Della schiavitù volontaria o il Contra Uno, tradotto nell'italiano idioma da Cesare Paribelli, in Napoli, Anno settimo reppublicano*, Naples, Vivarium, 1999.

– « De la *compagnie* à la *confrairie* : parcours politiques de l'amitié », *Montaigne Studies*, Université de Chicago, XI, Octobre 1999, 1-2, p. 87-106.

PANICHI N. (éd.), *Figure di "servitù" e "dominio" nella cultura filosofica tra Cinquecento e Seicento*, Le Lettere, Florence, 2010.

RIGOLOT F., « Montaigne et la "servitude volontaire": pour une interprétation platonicienne », *in* I. Zinguer (éd.), *Le lecteur, l'auteur, l'écrivain. Montaigne*, Paris, Champion, 1993, p. 85-103.

– « Reviving Hamodius and Aristogiton in the Renaissance: Friendship and Tyranny as a Voluntary Servitude », *Montaigne Studies*, Université de Chicago, XI, Octobre 1999, 1-2, p. 107-119.

SMITH M., « Opium of the People: Numa Pompilius in the French Renaissance », *Bibliothèque d'Humanisme et de Renaissance*, 52, 1, 1990, 7-21.

TETEL M. (éd.), *Etienne La Boétie sage révolutionnaire et poète périgourdin*, Paris, Champion, 2004.

TOURNON A., « "Nostre liberté volontaire…". Le *Contre Un* en marges des *Essais* », *Europe*, 729-730, 1990, p. 72-82.

– « Sur quelques aspérités du *Discours de la Servitude volontaire* », *Montaigne Studies*, Université de Chicago, XI, Octobre 1999, 1-2, p. 61-76.

TRONG-HIEU N., « Comment lire le *Discours de la Servitude volontaire ?* », *Cahiers philosophiques*, 24, 1985, p. 71-92.

VIGNES J., « Le *Contr'un* et le mime de la monarchie », *in Mots dorés pour un siècle de fer. Les mimes, enseignements et proverbes de Jean-Antoine de Baïf: texte, contexte, intertexte*, Paris, Champion, 1997.

WEBER H., « La Boétie et la tradition humaniste d'opposition au tyran », *in A travers le seizième siècle*, t. 2, Paris, Nizet, 1986, p. 93-115.

RECONNAISSANCE DE DETTES

Des variantes répertoriées par Nadia Gontarbert (collection Tel, Gallimard, 1993) pour les versions du *Discours de la Servitude volontaire* connues avant 2001, n'avaient été retenues pour notre édition de 2002 que celles qui pouvaient affecter le sens du texte. Un parti pris de sélection non moins téméraire a été appliqué aux relevés effectués par Renzo Raggianti, dans *Rétablir un texte* (Olschki, *Quaderni di Rinascimento n° 48*, 2010), pour les variantes découvertes au cours de la décennie suivante. Portant sur trois manuscrits indépendants, celles-ci sont nombreuses ; et il doit être entendu que nous sommes entièrement tributaires des travaux cités ici : seuls ces derniers ont satisfait aux normes de fidélité orthographique et d'exhaustivité requises pour des ouvrages scientifiques.

Nous remercions d'autant plus vivement leurs auteurs d'avoir eu la générosité de fournir, bien au-delà de notre travail, le socle de recherche d'une précision exemplaire que les lecteurs étaient en droit d'attendre ; et nous sommes heureux de placer cette collaboration précieuse entre toutes, avec tous ceux qui y ont participé, sous le signe d'une amicale gratitude.

Sigles

I. *Variantes, avec appels numériques à chaque page* :

M : manuscrit **De Mesmes**, texte de base (BNF ms 839)

V : **Vulgate** désignant les leçons d'un groupe de sources apparentées, soit :

Manuscrit 20157, (**ms**)

Manuscrit Dupuy, (**D**)

Réveille Matin, (**a**)

Mémoires de l'État de France, 1577 (**b**)

Mémoires de l'État de France, 1578 (**c**)

Lorsque les variantes groupées en Vulgate sont différentes entre elles, elles sont distinguées par leurs sigles propres, abrégés et placés entre parenthèses, en tête de la référence, comme ci-dessus.

Autres sources de variantes :

Manuscrit de la Biblioteca Ambrosiana di Milano (**amb**), variantes publiées par Renzo Raggianti, *op. cit.*, p. 77-90.

Manuscrit des Archives de J. Piochet de Salins (**pds**), *ibid.*, p. 91-105.

Manuscrit de la Folger Shakespeare library (**Vb49**), *ibid.*, p. 106-119.

II. *Notes* :

Outre les variantes proprement dites, avec appels de notes numériques à chaque page, on pourra consulter des notes explicatives sommaires, avec appels alphabétiques, au bas des pages.

ÉTIENNE DE LA BOÉTIE

DISCOURS DE LA SERVITUDE VOLONTAIRE [1]

> D'avoir plusieurs seigneurs aucun bien je n'y vois,
> Qu'un sans plus soit le maître et qu'un seul soit le Roi.

Ce disait Ulysse en Homère parlant en public. S'il n'eût rien plus dit, sinon

> D'avoir plusieurs seigneurs aucun bien je n'y vois,

c'était autant[2] bien dit que rien plus[a]; mais au lieu que pour le raisonner[3] il fallait dire que la domination de plusieurs ne pouvait être bonne, puisque la puissance

---

1. Le texte ne porte pas de titre dans M. Il et intitulé *Discours / de la servitude volontaire* dans le ms. 20157. N. Gontarbert a fait observer (p. 47 de son édition) que le ms. Dupuy, dérivé de M, porte *La Servitude volontaire de M. La Boëtie. Imprimé.* Enfin, Renzo Ragghianti (*op. cit.* p. 17) note que la version manuscrite retrouvée dans le livre de raison de J. Piochet de Sarlin avait reçu pour titre *Le contre ung, declamation sur la servitude volontaire par Estienne de la Boitie de Sarlac.*

2. V : cela était tant bien dit

3. V : pour parler avec raison

(a) *si bien dit que rien ne pouvait l'être mieux (Iliade, II, 204-205)*

d'un seul, dès lors qu'il prend ce titre de maître, est dure et déraisonnable, il est allé ajouter tout au rebours :

> Qu'un sans plus soit le maître, et qu'un seul soit le Roi.

Il en faudrait d'aventure[b] excuser Ulysse, auquel[1] possible[c] lors était besoin d'user de ce langage pour apaiser la révolte de l'armée, conformant, je crois, son propos plus au temps qu'à la vérité. Mais à parler en bon escient, c'est un extrême malheur d'être sujet à un maître duquel on ne se peut jamais assurer[2] qu'il soit bon, puisqu'il est toujours en sa puissance d'être mauvais quand il voudra : et d'avoir plusieurs maîtres, c'est, autant qu'on en a, autant de fois être extrêmement malheureux. Si[d] ne veux-je pas pour cette heure débattre cette question tant pourmenée[e], si[3] les autres façons de république sont meilleures que la monarchie : encore[4] voudrais-je savoir avant que mettre en doute quel rang la monarchie doit avoir entre les républiques[f], si elle en y doit avoir aucun :

1. V : auquel […] ce langage et de s'en servir pour apaiser la révolte – amb : lequel possible lors usait de ce langage, *et de s'en servir* pour apaiser – pds : auquel lors il était besoin user de ce langage pour apaiser

2. V : duquel on ne peut être jamais assuré qu'il – amb : duquel on ne peut jamais assurer qu'il – Vb49 : au maître duquel on ne se peut assurer qu'il

3. V : pourmenée, à savoir si

4. V, amb, pds : monarchie. A quoi si je voulais venir, encore voudrais-je savoir avant que (Vb49 : autant que)

(b) *à tout hasard* (c) *peut-être* (d) *Cependant* (e) *agitée* (f) *régimes politiques* pour ce qu'il est malaisé de croire qu'il y ait rien de public[1] en ce gouvernement où tout est à un ; mais cette question est réservée pour un autre temps et demanderait bien son traité à part, ou plutôt amènerait quand et soi[g] toutes les disputes politiques.

Pour[2] ce coup je ne voudrais sinon entendre[h] comme[3] il se peut faire que tant d'hommes, tant de bourgs, tant de villes, tant de nations endurent quelquefois un tyran seul, qui n'a puissance que celle qu'ils[4] lui donnent ; qui n'a pouvoir de leur nuire sinon tant qu'ils ont vouloir de l'endurer ; qui ne saurait[5] leur faire mal aucun, sinon lorsqu'ils aiment mieux le souffrir que lui contredire. Grand'chose certes, et toutefois si commune qu'il s'en faut de tant plus douloir[i] et moins s'ébahir : voir[6] un million d'hommes servir misérable-ment, ayant le col sous le joug, non pas contraints par une plus grande force, mais aucunement[j] (ce semble[7])

1. pds, vb49 : croire qu'il y ait rien de commun en ce gouvernement

2. (*alinéa de ms, majuscule ajoutée*)

3. V, amb, pds : entendre (s'il est possible) comme il se peut – vd : s'il est possible et comme il se peut

4. b, c : celle qu'on lui donne (ms : celle qui lui donne (*erreur auditive ; lire* qu'ils lui donne<nt>) (*pds : sinon qu'ils aiment mieux*)

5. amb : l'endurer. Grand'chose (*omission de* qui ne saurait (…) contredire)

6. a (*début*) A la vérité dire, mon compagnon, c'est une chose bien étrange de voir un million de millions d'hommes (*l'expression* un million de millions *est maintenue dans* V)

7. Vb49 (ce me semble)

(g) *avec soi* (h) *je ne voudrais rien d'autre que comprendre* (i) *s'en affliger* (j) *en quelque façon*

enchantés et charmés par le nom[1] seul d'un, duquel ils ne doivent ni craindre la puissance puisqu'il est seul, ni aimer les qualités puisqu'il est en leur endroit inhumain et sauvage.

La faiblesse d'entre nous hommes est telle, qu'il[2] faut souvent que nous obéissions à la force : il est besoin de temporiser, nous[3] ne pouvons pas toujours être les plus forts : doncques si une nation est contrainte par la force de la guerre de servir à un, comme la cité d'Athènes aux trente tyrans[k], il ne se faut pas ébahir qu'elle serve, mais se plaindre de l'accident, ou bien plutôt ne s'ébahir, ni ne s'en plaindre, mais porter le mal patiemment, et se réserver à l'avenir à meilleure fortune.

Notre nature est ainsi, que[l] les communs devoirs de l'amitié emportent une bonne partie du cours de notre vie : il est raisonnable d'aimer la vertu, d'estimer les beaux faits, de reconnaître le bien d'où on l'a reçu, et diminuer souvent de notre aise pour augmenter l'honneur et avantage de celui qu'on aime et qui le mérite ; ainsi doncques si les habitants d'un pays ont trouvé quelque grand personnage qui leur ait montré par épreuve une grande prévoyance pour les garder, une

---

1. V : par le seul nom d'un, duquel
2. V : est telle. Il faut souvent
3. V : temporiser, on ne peut pas toujours être (pds : temporiser où l'on ne peut pas toujours être) le plus fort. Donc

(k) *Les Trente Tyrans : gouvernement de trente oligarques que les Spartiates, vainqueurs de la guerre du Péloponnèse, imposèrent aux Athéniens* (l) *ainsi faite que*

grande hardiesse pour les défendre, un grand soin pour les gouverner : si de là en avant ils s'apprivoisent de lui obéir, et s'en fier tant que de lui donner quelques avantages, je ne sais si ce serait sagesse, de tant[1] qu'on l'ôte de là où il faisait bien pour l'avancer en lieu où il pourra mal faire ; mais certes si ne pourrait-il faillir d'y avoir[m] de la bonté, de[2] ne craindre point mal de celui duquel on n'a reçu que bien.

Mais ô[3] bon Dieu, que peut être cela ? comment dirons-nous que cela s'appelle ? quel malheur est celui-là, quel[4] vice, ou plutôt quel malheureux vice, voir un nombre infini de personnes, non pas obéir, mais servir ; non pas être gouvernés, mais tyrannisés, n'ayant ni bien, ni parents, femmes[5] ni enfants, ni leur vie même qui soit à eux, souffrir les pilleries, les paillardises, les cruautés, non pas d'une armée, non pas d'un camp barbare contre lequel il faudrait dépendre[n] son sang et sa vie devant, mais d'un seul ; non pas d'un Hercule ni d'un Samson, mais d'un seul hommeau, et le plus souvent le plus lâche et femelin de la nation ; non pas accoutumé à la poudre[o]

---

1. amb : d'autant qu'on l'ôte d'un lieu – pdf : d'autant que l'on l'ôte

2. a : bonté du côté de ceux qui l'élèvent, de

3. a : Mais bon Dieu

4. V : cettui-là. Ou quel vice (*M ponctue* …celui-là ? quel vice, ou plutôt…) – pds omet *comment dirons-nous (…) celui-là ?* – amb : ou quel vent (…) malheureux vent (*erreur de lecture du copiste*)

5. V : ni parents, ni enfants – amb : ni bien, ni personnes, femmes ni enfants

---

(m) *Il ne pourrait manquer d'y avoir de la bonté, dans le fait de* (n) *répandre (…) en l'affrontant* (o) *poussière*

des batailles, mais encore à grand peine au sable des
tournois; non pas qui puisse par force commander aux
hommes, mais tout empêché de servir[p] vilement à la
moindre femmelette: appellerons-nous cela lâcheté?
dirons-nous que ceux qui servent soient[1] couards et
recrus? si deux, si trois, si quatre ne se défendent d'un,
cela est étrange, mais toutefois possible: bien pourra
l'on dire lors à bon droit que c'est faute de cœur. Mais si
cent, si mille endurent d'un seul, ne dira l'on pas qu'ils
ne veulent point, non[2] qu'ils n'osent pas s'en prendre
à lui, et que c'est, non couardise, mais plutôt mépris
ou[3] dédain[q]? si l'on voit non pas cent, non pas mille
hommes, mais[4] cent pays, mille villes, un million
d'hommes n'assaillir pas un seul, duquel le mieux traité
de tous en reçoit ce mal d'être serf et esclave, comment
pourrons-nous nommer cela? est-ce lâcheté? or il y a en
tous vices naturellement quelque borne, outre laquelle
ils ne peuvent passer: deux peuvent craindre un et
possible dix[5], mais mille, mais un million, mais mille
villes, si elles ne se défendent d'un, cela n'est pas

---

1. a : servent à un si lâche tyran soient
2. V : qu'ils ne veulent point, qu'ils n'osent pas (à cs) – a, pds :
qu'ils ne veulent, non pas qu'ils n'osent (*variante correcte*)
3. V : mépris et dédain
4. Vb49 : non pas cent, non pas mille hommes, n'assaillir pas un
seul (*faussé par omission de l'adversative*)
5. a, pds : *et* possible dix le craindront, mais

(p) *tout empressé à se faire l'esclave (d'une favorite)* (q) *(motifs de
gentilhomme pour refuser le combat avec des roturiers)*

couardise, elle ne va point jusque là, non plus que
la vaillance ne s'étend pas qu'un seul échelle une
forteresse[1], qu'il assaille une armée, qu'il conquête un
royaume. Doncques quel monstre de vice est ceci, qui ne
mérite pas encore le titre de couardise, qui ne trouve
point de nom assez vilain, que la nature désavoue avoir
fait, et la langue refuse de nommer?

Qu'on[2] mette d'un côté cinquante mille hommes en
armes, d'un autre autant, qu'on les range en bataille,
qu'ils viennent à se joindre, les uns libres[3] combattant
pour leur franchise, les autres pour la leur ôter: auxquels
promettra l'on par conjecture la victoire, lesquels
pensera l'on qui plus gaillardement iront au combat,
ou ceux qui espèrent pour guerdon[r] de leurs peines
l'entretenement de leur liberté, ou ceux qui ne peuvent
attendre des coups qu'ils donnent ou qu'ils reçoivent que
la servitude d'autrui? les uns ont toujours devant les
yeux le bonheur de la[4] vie passée, l'attente de pareil aise
à l'avenir; il ne leur souvient pas tant de ce peu qu'ils[5]
endurent le temps que dure une bataille, comme de ce
qu'il leur conviendra[s] à jamais endurer, à eux, à leurs

1. a: échelle une seule forteresse
2. (*majuscule ajoutée*)
3. a: les uns combattant
4. V: *le bonheu*r de leur vie passée (*syntagme omis par pds, au détriment de la phrase*)
5. a, b, c: endurent ce peu de temps

(r) *pour récompense de leurs efforts le maintien de leur liberté* (s) *ce qu'il leur faudra pour toujours supporter*

enfants et à toute la postérité ; les autres n'ont rien qui les enhardie[1] qu'une petite pointe de convoitise, qui se rebouche soudain contre le danger, et qui ne peut être si ardente qu'elle ne se doive, ce semble, éteindre de la moindre goutte de sang qui sorte de leurs plaies. Aux batailles[t] tant renommées de Miltiade, de Léonidas, de Thémistocle, qui ont été données deux mille ans y a, et qui sont encore aujourd'hui aussi fraîches en la mémoire des livres et des hommes comme si c'eût été l'autre hier, qui[2] furent données en Grèce pour le bien des Grecs et pour l'exemple de tout le monde[u], qu'est-ce qu'on pense[3] qui donna à si petit nombre de gens, comme étaient les Grecs, non le pouvoir, mais le cœur de soutenir la force de tant de navires que la mer même en était chargée ; de défaire tant de nations, qui étaient en si grand nombre que l'escadron des Grecs n'eût pas fourni s'il eût fallu des capitaines aux armées des ennemis ? sinon qu'il semble qu'à[4] ces glorieux jours-là ce n'était pas tant la bataille des Grecs contre les Perses comme la victoire de la liberté sur la domination, de la franchise sur la convoitise.

---

1. V : les enhardisse (…) – a : pointe de leur convoitise
2. V : hier, qu'elles furent
3. Vb49 : qu'est-ce qu'on pensera, que donnant à si peu de nombre de gens, non le pouvoir
4. V : qu'en ces

(t) *Au Ve siècle A.C., victoires des Grecs contre les envahisseurs Perses à Marathon (490), aux Thermopyles et à Salamine (480)*   (u) *du monde entier*

C'est[1] chose étrange d'ouïr parler de la vaillance que la liberté met dans le cœur de ceux qui la défendent; mais ce qui se fait en[2] tous pays, par tous les hommes, tous les jours, qu'un homme mâtine[v] cent mille et les prive de leur liberté, qui le croirait s'il ne faisait que l'ouïr dire et non le voir? et s'il ne se faisait qu'en pays étranges et lointaines terres, et qu'on le dît, qui ne penserait que cela fût plutôt feint ou controuvé[3], que non pas véritable? Encore ce seul tyran, il n'est pas besoin de le combattre, il n'est pas besoin de le défaire : il est de soi-même défait, mais que[w] le pays ne consente à sa[4] servitude; il ne faut pas lui ôter rien[x], mais ne lui donner rien; il n'est pas besoin que le pays se mette en peine de faire rien pour soi, pourvu[5] qu'il ne fasse rien contre soi. Ce sont donc les peuples mêmes qui se laissent ou plutôt se font gourmander, puisqu'en cessant de servir ils en seraient quittes; c'est le peuple qui s'asservit, qui se coupe la gorge, qui ayant le choix ou d'être serf[6] ou d'être libre,

1. (*alinéa du ms*)
2. a : Ce qui se fait tous les jours devant nos yeux en notre France, qu'un homme
3. M : feint et trouvé – V, feint ou [vd] controuvé (*retenu ici*)
4. V : à la servitude
5. a : mais qu'il s'étudie à ne rien faire contre soi. C'est donc le peuple même qui se laisse ou plutôt se fait gourmander, puisqu'en cessant (…) il en serait quitte; c'est
6. V : le choix d'être sujet ou

(v) *maltraite* (w) *pourvu que* (x) *lui ôter quoi que ce soit* quitte sa franchise et prend le joug[1] : qui consent à son mal ou plutôt le pourchasse[y]. S'il lui coûtait quelque chose à recouvrer sa liberté, je ne l'en presserais point ; combien qu'est-ce[2] que l'homme doit avoir plus cher que de se remettre en son droit naturel, et, par manière de dire, de bête revenir homme ? mais encore je ne désire pas en lui si grande hardiesse, je lui[3] permets qu'il aime mieux une je ne sais quelle sûreté de vivre misérablement qu'une douteuse espérance de vivre à son aise. Quoi ? si pour avoir[4] liberté il ne faut que la désirer, s'il n'est besoin que d'un simple vouloir, se trouvera-il nation au monde qui l'estime encore trop chère, la pouvant gagner d'un seul souhait, et qui plaigne sa volonté à recouvrer le bien lequel on devrait racheter au prix de son sang, et lequel perdu tous les gens d'honneur doivent estimer la vie déplaisante et la mort salutaire ? Certes comme le feu d'une petite étincelle devient grand et toujours se renforce et plus il trouve de bois plus il est prêt d'en brûler ; et sans qu'on y mette de l'eau pour

1. a, pds : le joug, et pouvant vivre sous des bonnes lois et sous la protection des Etats, veut vivre sous l'iniquité, sous l'oppression et injustice, au seul plaisir de ce tyran. C'est le peuple qui consent *à son mal*

2. V : combien que ce soit ce que l'homme – amb : combien que qu'est-ce que l'homme doit avoir plus cher que

3. V : je ne lui permets point qu'il aime mieux une je ne sais quelle sûreté de vivre à son aise – Vb49 : je lui promets qu'il aime mieux une sûreté (*les deux variantes sont erronées*)

4. V, amb : avoir la liberté il ne lui faut que la – Vb49 : avoir liberté il ne faut que la désirer, se trouvera-il

(y) *cherche à le subir*

l'éteindre, seulement en n'y mettant plus de bois, n'ayant plus que consommer[1] il se consomme soi-même et vient sans forme aucune, et non plus feu : pareillement les tyrans, plus ils pillent, plus ils exigent, plus ils ruinent et détruisent, plus on leur baille, plus on les sert, de tant plus ils se fortifient, et deviennent toujours plus forts et plus frais pour anéantir et détruire tout, et si on ne leur baille rien, si on ne leur obéit point, sans combattre, sans frapper, ils demeurent nus et défaits, et ne sont plus rien, sinon que comme la racine n'ayant plus d'humeur[z] ou aliment, la[2] branche devient sèche et morte.

Les hardis, pour acquérir le bien qu'ils demandent, ne craignent point le danger, les avisés ne refusent point la peine ; les lâches et engourdis ne savent ni endurer le mal ni recouvrer le bien, ils s'arrêtent en cela de le[3] souhaiter, et la vertu d'y prétendre[4] leur est ôtée par leur lâcheté, le désir de l'avoir leur demeure par la nature : ce désir, cette volonté est commune aux sages et aux indiscrets[a], aux courageux et aux couards, pour souhaiter toutes choses qui, étant acquises, les rendraient heureux et contents.

---

1. V : consumer (…) consume (…) et devient sans forme aucune (*leçon préférable à celle de M, « sans force aucune » : éteint, le feu a perdu la « forme » aristotélicienne qui définissait son effet (la combution)*)

2. V : devient une branche sèche et mate. Les hardis (*point et majuscule ajoutés dans M*)

3. V : le souhaiter (*leçon adoptée contre* les souhaiter *que porte M*)

4. Vb49 : la vertu d'y prendre (*lecture erronée de* prétendre ?)

(z) *humidité (pour élaborer la sève)*   (a) *insensés (privés de discernement)*

Une seule chose en est à dire[b], en laquelle, je ne sais comment, nature défaut aux hommes pour la désirer, c'est la liberté, qui est toutefois un bien si grand et si plaisant qu'elle perdue, tous les maux viennent à la file, et les biens même qui demeurent après elle perdent entièrement leur goût et saveur, corrompus par la servitude; la seule liberté, les hommes ne la désirent point, non pour autre raison, ce semble[1], sinon que s'ils la désiraient ils l'auraient, comme s'ils refusaient de faire ce bel acquêt seulement parce qu'il est trop aisé.

Pauvres et misérables peuples[2] insensés, nations opiniâtres en votre mal et aveugles en votre bien! Vous vous laissez emporter devant vous le plus beau et le plus clair de votre revenu, piller vos champs, voler vos maisons, et les dépouiller des meubles anciens et paternels; vous vivez de sorte que vous ne[3] vous pouvez vanter que rien soit à vous; et semblerait que meshui[c] ce vous serait grand heur de tenir à ferme[d] vos biens, vos familles et vos vies : et tout ce dégât, ce malheur, cette ruine vous vient non pas des ennemis, mais certes oui bien de l'ennemi, et de celui que vous faites si grand qu'il est, pour lequel vous allez si courageusement à la guerre,

---

1. V, Vb49 : autre raison, ce me semble, sinon pource que s'ils la désiraient
2. a : et misérables Français, peuple insensé, nation opiniâtre en ton mal et aveuglée en ton bien
3. V : vous pouvez dire que rien n'est à vous – Vb49 : vous ne pouvez dire que rien soit à vous

(b) *fait exception* (c) *désormais* (d) *grand bonheur de garder comme métayers (sans les posséder)*

pour la grandeur duquel vous ne refusez point de présenter[1] à la mort vos personnes : celui qui vous maîtrise tant n'a que deux yeux, n'a que deux mains, n'a qu'un corps, et n'a autre chose que ce qu'a le moindre homme du grand et infini nombre de vos villes, sinon que[2] l'avantage que vous lui faites pour vous détruire. D'où[3] a-il pris tant d'yeux dont[4] il vous épie, si vous ne les lui baillez ? comment a-il tant de mains pour vous frapper, s'il ne les prend de vous ? les pieds dont il foule vos cités, d'où les a-il, s'il ne sont des vôtres ? comment a-il aucun pouvoir sur vous, que par vous ? comment vous oserait-il courir sus, s'il n'avait intelligence[e] avec vous ? que vous pourrait-il faire, si vous n'étiez receleurs du larron qui vous pille, complices du meurtrier qui vous tue, et traîtres à vous-mêmes ? vous semez vos fruits, afin qu'il en fasse le dégât ; vous meublez et remplissez vos maisons, afin de fournir à ses pilleries[5] ; vous nourrissez vos filles, afin qu'il ait de quoi soûler[6] sa luxure ; vous nourrissez vos enfants, afin que pour le mieux qu'il leur saurait faire, il les mène en

---

1. a, pds : de mettre à la mort vos personnes – Vb49 : à la mort nos personnes (*confusion de graphèmes ?*)

2. a : sinon qu'il a plus que vous tous, un cœur déloyal, félon, et l'avantage que vous lui donnez pour – amb, pds : sinon qu'il a plus de tous vous, l'avantage que vous lui donnez

3. (*majuscule ajoutée*)

4. V : yeux ? d'où vous épie-il, si vous ne les lui donnez ? comment

5. a : pilleries et voleries ; vous

6. a : de quoi rassasier sa

(e) *complicité*

ses guerres, qu'il les conduise à la boucherie, qu'il les fasse les ministres[f] de ses convoitises, et les exécuteurs de ses vengeances[1]; vous rompez à la peine vos personnes, afin qu'il se puisse mignarder en ses délices, et se vautrer dans les sales et vilains plaisirs; vous vous affaiblissez, afin de le rendre plus fort et roide à vous tenir plus courte la bride; et de[2] tant d'indignités que les bêtes mêmes ou ne les sentiraient point ou ne l'endureraient point, vous pouvez vous en délivrer si vous l'essayez[3], non pas de vous en délivrer, mais seulement de le vouloir faire : soyez résolus de ne servir plus, et vous voilà libres; je ne veux pas que vous le poussiez ou[4] l'ébranliez, mais seulement ne le soutenez plus, et vous le verrez comme un grand colosse à qui on a dérobé sa base, de son poids même fondre[g] en bas et se rompre.

Mais certes les médecins conseillent bien de ne mettre pas la main aux plaies incurables; et je ne fais pas sagement de vouloir prêcher[5] en ceci le peuple, qui a perdu long temps a toute connaissance, et duquel

---

1. a : vengeances, et bourreaux des consciences de vos concitoyens

2. pds : et ex<é>cuter tant d'indignités que les bêtes mêmes ou ne le sentiraient point (*phrase faussée par le verbe inséré*)

3. V, a : si vous essayez – Vb49 : si vous essayez non pas de vous en essayer, mais

4. V : poussiez ni le branliez

5. ms : de vouloir en rien conseiller – b, c : de vouloir en ceci conseiller

(f) *gestionnaires* (g) *s'effondrer*

puisqu'il ne sent plus son mal, cela montre[1] assez que sa maladie est mortelle. Cherchons donc par conjecture, si nous en pouvons trouver, comment s'est ainsi si avant enracinée cette opiniâtre volonté de servir, qu'il semble maintenant que l'amour même de la liberté ne soit pas si naturel.

Premièrement cela est, comme je crois, hors de doute[2] que si nous vivions avec les droits que la nature nous a donnés, et avec les enseignements qu'elle nous apprend, nous serions naturellement obéissants aux parents, sujets à la raison, et serfs de personne. De[3] l'obéissance que chacun, sans autre avertissement que de son naturel, porte à ses père et mère, tous les hommes s'en sont témoins chacun pour[4] soi. De la raison, si elle naît avec nous ou non, qui est une question débattue à fond par les académiques[h] et touchée par[5] toute l'école des philosophes, pour cette heure je ne penserai point faillir en disant[6] cela, qu'il y a en notre âme quelque naturelle semence de raison, laquelle entretenue par bon conseil et coutume fleurit en vertu, et au contraire

1. V : cela seul montre assez
2. ms. : hors de mon doute – b, c : hors de notre doute
3. (*majuscule ajoutée, ainsi que les cinq suivantes*)
4. V : chacun en soi et pour soi
5. amb : et touchée à fonds par toute (*négligeant la distinction entre les sceptiques ou pyrrhoniens de la Nouvelle Académie, et les écoles dogmatiques qui ne font qu'effleurer (« toucher ») le problème du doute*)
6. V, Vb49 : en croyant cela

(h) *Platoniciens de l'école sceptique d'Arcésilas*

souvent[1] ne pouvant durer contre les vices survenus, étouffée s'avorte. Mais certes s'il y a rien de clair et[2] d'apparent en la nature, et où[3] il ne soit pas permis de faire l'aveugle, c'est cela, que la[4] nature, la ministre de Dieu, la gouvernante des hommes nous a tous faits de même forme, et comme il semble à même moule, afin de nous entreconnaître[5] tous pour compagnons ou plutôt pour frères. Et si, faisant les partages des présents qu'elle nous faisait[6], elle a fait quelque avantage de son bien, soit au corps ou en l'esprit, aux uns[7] plus qu'aux autres, si n'a-elle pourtant entendu[i] nous mettre en ce monde comme dans un camp[8] clos, et n'a pas envoyé ici-bas les plus forts ni[9] les plus avisés comme des brigands armés dans une forêt pour y gourmander les plus faibles, mais plutôt faut-il croire que faisant ainsi les parts aux uns plus grandes, aux autres plus petites, elle voulait faire place à la fraternelle affection, afin qu'elle eût où s'employer, ayant les uns puissance de donner aide, les autres besoin d'en recevoir. Puis doncques que cette bonne mère nous a donné à tous toute la terre pour

1. Vb49 : au contraire ne pouvant
2. M : de clair ni d'apparent, *rectifié ici d'après* V : de clair et d'apparent
3. V : et en quoi il ne serait [b, c : ne soit] pas permis
4. V : que Nature, le ministre de Dieu et la gouvernante
5. Vb49 : de nous reconnaître tous comme frères
6. V : nous donnait, elle
7. ms : au Ung plus qu'au autres (*sic*, pour *aux autres*)
8. ms : un champ clos
9. V, pds : les plus forts et plus avisés – amb : (…) et les plus avisés

(i) *cependant elle n'a pas pour autant eu le dessein de*

demeure, nous a tous logés aucunement[1] en même maison, nous a tous figurés à même patron[2] afin que chacun se pût mirer et quasi reconnaître l'un dans l'autre ; si elle nous a donné à tous ce grand présent de la voix et de la parole pour nous accointer et fraterniser davantage, et faire par la commune et mutuelle déclaration de nos pensées[3] une communion de nos volontés ; et si elle a tâché par tous moyens de serrer et étreindre si[4] fort le nœud de notre alliance et société ; si elle a montré en toutes choses qu'elle ne voulait pas tant nous faire tous unis que tous uns[j] : il ne faut pas faire doute que nous ne soyons tous naturellement libres, puisque nous sommes tous compagnons ; et ne peut tomber en l'entendement de personne que nature ait mis aucun en servitude, nous ayant tous mis en compagnie.

Mais[5] à la vérité c'est bien pour néant de débattre si la liberté est naturelle, puisqu'on ne peut tenir aucun en servitude sans lui faire tort, et qu'il n'y a rien au[6] monde si contraire à la nature, étant toute raisonnable, que

1. Vb49 : logés à même maison

2. V : à même pâte – amb : à même parti

3. Vb49 : déclaration de nos volontés une communion de nos pensées

4. V, pds : étreindre plus fort

5. (*alinéa de ms, majuscule ajoutées en b*)

6. M : rien si contraire au monde à la nature (*transposition équivoque, rectifiée d'après V, Vb49 et amb, adoptés ici*)

(j) Cf. *la traduction par Montaigne de la* Théologie naturelle *de Sebond, chap. 315 (sur le mariage et la procréation) : « ... afin que nous voyant tous dérivés d'un même homme nous nous en estimassions plus uns, et que la manière même d'engendrer fût signe d'union et d'alliance ».*

l'injure[k]. Reste doncques la[1] liberté être naturelle, et par même moyen[l] à mon avis que nous ne sommes pas nés seulement en possession de notre franchise, mais aussi avec affection[m] de la défendre. Or si d'aventure nous faisons quelque doute en cela, et sommes tant abâtardis que ne puissions reconnaître nos biens ni semblablement nos naïves affections, il faudra que je vous fasse l'honneur qui vous appartient, et que je monte, par manière de dire, les bêtes brutes en chaire pour vous enseigner votre nature et condition. Les bêtes, ce m'aid'Dieu[n], si les hommes ne font trop les sourds, leur crient Vive[2] liberté. Plusieurs en y a d'entre elles qui meurent aussitôt qu'elles sont prises ; comme le poisson quitte la vie aussi tôt que l'eau : pareillement celles-là quittent la lumière, et ne veulent point survivre à leur naturelle franchise. Si les animaux avaient entre eux quelques[3] prééminences, ils feraient de celles-là leur noblesse[o]. Les autres, des plus grandes jusques aux plus petites, lorsqu'on les prend font si grand'résistance d'ongles, de cornes, de bec et de pieds, qu'elles déclarent assez combien elles tiennent cher ce qu'elles perdent :

1. V : donc de dire que la liberté est naturelle

2. *(majuscule ajoutée)*

3. V : entre eux leurs rangs et prééminences, ils feraient (à mon avis) de liberté (Vb49 : de celles-là) leur noblesse. les autres, des plus

(k) *dommage injuste* (l) *argument (entre prémisses et conclusion)* (m) *propension à* (n) *Litt. « en ceci Dieu me vienne en aide » (formule renforçant un serment par engagement réciproque)* (o) *(au sens de caste aristocratique, dont seraient exclus les animaux qui survivent à la capture)*

puis étant prises elles nous donnent tant de signes apparents de la connaissance qu'elles ont de leur malheur, qu'il est bel à voir que d'ores en là[p] ce leur est plus languir que vivre, et qu'elles continuent leur vie plus pour plaindre[1] leur aise perdue que pour se plaire en servitude. Que veut dire autre chose l'éléphant, qui s'étant défendu jusques à n'en pouvoir plus, n'y voyant plus d'ordre[q], étant sur le point d'être pris, il enfonce ses mâchoires et casse ses dents[r] contre les arbres, sinon que le grand désir qu'il a de demeurer libre ainsi[2] qu'il est, lui donne de l'esprit et l'avise de marchander avec les chasseurs si pour le prix de ses dents il en sera quitte, et s'il sera reçu à bailler son ivoire, et payer cette rançon pour sa liberté? nous appâtons le cheval dès lors qu'il est né pour l'apprivoiser à servir; et si[s] ne le savons-nous si bien flatter que, quand ce vient à le dompter, il ne morde le frein, qu'il ne rue contre l'éperon, comme, ce semble, pour montrer à la nature et témoigner au moins par là que, s'il sert, ce n'est pas de son gré ains[t] par notre contrainte. Que faut-il donc dire?

> Même les bœufs sous le poids du joug geignent,
> Et les oiseaux dans la cage se plaignent,

---

1. amb : pour déplorer leur
2. pds, b, c : libre comme il est né, lui

(p) *à partir de ce moment* (q) *plus de recours* (r) *défenses* (s) *pourtant* (t) *mais au contraire*

comme j'ai dit autrefois[1], passant le temps à nos rimes françaises : car je ne craindrai point écrivant à toi, ô Longa[u], mêler de mes vers, desquels je ne te[2] lis jamais, que pour le semblant que tu fais de t'en contenter tu ne m'en fasses tout glorieux[v]. Ainsi donc, puisque toutes choses qui ont sentiment, dès lors qu'elles l'ont, sentent le mal de la sujétion, et courent après la liberté ; puisque les bêtes qui encore sont faites pour le service de l'homme ne se peuvent accoutumer à servir qu'avec protestation d'un désir contraire : quel malencontre a été cela[w] qui a pu tant dénaturer l'homme, seul né, de vrai[x], pour vivre franchement, et[3] lui faire perdre la souvenance de son premier être, et le désir de le reprendre ?

Il y a trois sortes de tyrans : les[4] uns ont le royaume par élection du peuple ; les autres par la force des armes ;

---

1. V : ailleurs autrefois – amb, pds : ailleurs quelque fois
2. V : je ne lis jamais (…) fasses glorieux
3. b, c : franchement, de lui
4. V : tyrans. Je parle des méchants princes. Les uns (*variante qui fausse le sens de tout le discours. Voir les passages signalés p. 32, notes 2 à 4 et p. 33, note 1, avec leur contexte, contre le principe même du pouvoir monarchique*) – M : tyrans, les uns

(u) *Guillaume de Lurs, sieur de Longa, dédicataire du Discours, avait été le prédécesseur de La Boétie au Parlement de Bordeaux ; quant à son rôle possible dans les discussions sur la « servitude volontaire », voir G. Demerson, « Les exempla dans le DSV », dans E. de La Boétie, sage révolutionnaire et poète périgourdin, Champion 2004, spécialement s. 3, p. 211-224.* (v) *orgueilleux* (w) *quel a été ce malheur accidentel qui a pu …* (x) *véritablement (puisque selon la Genèse les animaux lui sont assujettis)*

les autres par succession de leur race. Ceux qui l'ont[1]
acquis par le droit de la guerre, ils s'y portent ainsi
qu'on connaît bien qu'ils sont (comme l'on dit) en
terre de conquête. Ceux-là qui naissent rois ne sont pas[2]
communément meilleurs, ains[y] étant nés et nourris dans
le sein[3] de la tyrannie, tirent avec le lait la nature du
tyran, et font état des peuples qui sont sous eux comme
de leurs serfs héréditaires; et selon la complexion à
laquelle ils sont plus enclins, avares ou prodigues, tels
qu'ils sont ils font du royaume comme de leur héritage.
Celui à qui le peuple a donné l'état, devrait être, ce[4] me
semble, plus supportable, et le serait, comme je crois,
n'était que dès lors qu'il se voit élevé par-dessus les
autres, flatté[5] par je ne sais quoi qu'on appelle la grandeur, il délibère de n'en bouger point; communément
celui-là fait état[z] de rendre[6] à ses enfants la puissance
que le peuple lui a baillée; et dès lors que ceux-là ont pris

1. *Le singulier est cautionné par le ms.pds. Les autres originaux
portent un pluriel*, «Ceux qui *les* ont acquis», *que l'on pourrait
justifier en présupposant des conquêtes multiples, sur le modèle de
l'impérialisme romain.*

2. (*Leçon de pds, préférable à* ne sont pas communément guère
meilleurs *des autres originaux, qui pourrait aussi être corrigé en* ne
sont communément guère meilleurs)

3. V : dans le sang de

4. b : devrait être plus supportable

5. V : par-dessus les autres en ce lieu, flatté

6. V : fait état de la puissance que le peuple lui a baillée, de la
rendre (= *retransmettre*) à ses enfants. Or dès lors

(y) *mais*   (z) *prend ses dispositions pour retransmettre à ses enfants* (repris par
ceux-là)

cette opinion, c'est chose étrange de combien ils passent
en toutes sorte de vices, et mêmes en la cruauté, les autres
tyrans, ne voyant autre moyen pour assurer la nouvelle
tyrannie que d'étreindre[1] si fort la servitude et d'étranger[a] tant leurs sujets de[2] la liberté, qu'encore que la
mémoire en soit fraîche, ils la leur puissent faire perdre.
Ainsi pour en dire la vérité, je vois bien qu'il y a entre eux
quelque différence; mais de choix je n'y en vois point, et
étant les moyens de venir aux règnes divers[b], toujours
la façon de régner est quasi semblable : les élus, comme
s'ils avaient pris des taureaux à dompter, ainsi les
traitent-ils; les conquérants en font comme de leur proie;
les successeurs pensent d'en faire ainsi que de leurs
naturels esclaves,

Mais à propos, si d'aventure il naissait aujourd'hui
quelques gens tout neufs, ni accoutumés à la sujétion, ni
affriandés à la liberté, et qu'ils ne sussent que c'est ni de
l'un ni de l'autre ni à grand peine des noms, si on leur
présentait ou d'être serfs[3], ou vivre francs selon les lois

---

1. V : que d'étendre [*amb, pds* : pour étendre] si fort la servitude et
étranger tous les sujets de la liberté, qu'encore que
2. pds, Vb49 : et tant étranger leurs sujets de la liberté, encore que
la mémoire en soit fraîche, qu'ils (*Vb49* : ne) la puissent faire perdre
(*la particule négative ajoutée sur Vb49 fausse le sens*)
3. V : ou d'être sujets, ou vivre en liberté, à quoi s'accorderaient-
ils ? (*plus cohérent que la leçon de M* : ... ou vivre francs selon les lois
desquelles ils *ne* s'accorderaient, *où la particule négative* ne *fausse le
sens. Le ms 17298 de la BN, découvert par Nadia Gontarbert porte* ...

(a) *rendre leurs sujets étrangers à la liberté* (b) *bien que soient divers les
moyens d'accéder au trône*

desquelles ils s'accorderaient : il ne faut pas faire doute [1]
qu'ils n'aimassent trop mieux obéir à[2] la raison seulement, que servir à un homme, sinon possible que ce
fussent ceux d'Israël qui sans contrainte ni aucun besoin
se firent un tyran[c] ; duquel peuple je ne lis jamais l'histoire que je n'en aie trop grand dépit, et quasi jusques à en
devenir inhumain pour[d] me réjouir de tant de maux qui
lui en advinrent. Mais certes tous les hommes, tant qu'ils
ont quelque chose d'homme, devant qu'ils se laissent
assujettir, il faut l'un[3] des deux, qu'ils soient contraints
ou déçus[e] : contraints par les armes étrangères, comme
Sparte ou[4] Athènes par les forces d'Alexandre, ou par les
factions, ainsi que la seigneurie[5] d'Athènes était devant[f]
venue entre les mains de Pisistrate ; par tromperie

... ou vivre francs selon les lois desquelles ils s'accorderaient, *en
concordance logique avec amb,* ou d'être serfs ou d'être libres, de
quoi s'accorderaient-ils plus volontiers ? ... *et avec pdf* : et vivre
francs selon les lois : de quoi s'accorderaient-ils plus volontiers ? –
*formule qui combine la liberté civique et le respect des lois ratifiées
par la communauté).*

    1. V, Vb49 : faire difficulté qu'ils
    2. b, c : mieux obéir à la raison seulement – ms : mieux obéir et
seulement obéir à la raison *(souci de précision qui donne lieu à
équivoque)*
    3. Vb49 : il faut des deux qu'ils
    4. V, amb, pds : Sparte et Athènes
    5. amb, pds : la ville d'Athènes

(c) *Voir* Samuel, *I, 8* (d) *dans la mesure où je me réjouis* (e) *leurrés*
(f) *auparavant* (en 561 AC, soit deux siècles avant l'empire d'Alexandre,
lorsque la démocratie modérée de Solon dut céder le pouvoir au « tyran »
Pisistrate que soutenaient les paysans pauvres de l'Attique*)*

perdent-ils souvent la liberté, et en ce ils ne sont pas si souvent séduits par autrui, comme ils sont trompés par eux-mêmes. Ainsi le peuple de Syracuse, la maîtresse ville de Sicile (on[1] me dit qu'elle s'appelle aujourd'hui Saragousse), étant pressé par les guerres, inconsidérément ne mettant ordre qu'au danger présent[2], éleva Denys le premier tyran, et lui donna la charge de la conduite de l'armée, et ne se donna garde qu'il l'eut fait si grand, que cette bonne pièce-là[g] revenant victorieux, comme s'il n'eût pas[3] vaincu ses ennemis mais ses citoyens, se fit de capitaine, roi, et de roi, tyran.

Il[4] n'est pas croyable comme le peuple, dès lors qu'il est assujetti, tombe si soudain en un tel et si profond oubli de la franchise, qu'il n'est pas possible qu'il se[5] réveille pour la r'avoir : servant si franchement et tant volontiers, qu'on dirait à le voir qu'il a non pas perdu sa liberté, mais gagné[6] sa servitude. Il est vrai qu'au commencement on sert contraint et vaincu par la force ; mais ceux qui viennent après servent[7] sans regret, et font volontiers ce que leurs devanciers avaient fait par

---

1. V, amb : qui s'appelle aujourd'hui Saragousse
2. V, amb, pds : qu'au danger, éleva Denys le premier, et lui… – [amb : … premier. Il lui…]
3. pds : pas seulement vaincu
4. (*majuscule ajoutée, ainsi que les deux suivantes*)
5. b, c : qu'il s'éveille pour
6. V : non pas perdu sa liberté, mais sa servitude (*à cs*)
7. b, c, amb, pds : après, n'ayant jamais vu la liberté et ne sachant que c'est, servent

(g) *ne se prémunit pas contre lui avant de le faire si grand que ce bon apôtre*

contrainte. C'est, cela, que les hommes naissant[1] sous le joug, et puis nourris et élevés dans le servage, sans regarder plus avant se contentent de vivre comme ils sont nés ; et ne pensant point avoir autre bien[2] ni autre droit que ce qu'ils ont trouvé, ils prennent pour leur naturel[3] l'état de leur naissance. Et toutefois il[4] n'est point d'héritier si prodigue et nonchalant que[5] quelquefois ne passe les yeux sur les registres de son père, pour voir s'il jouit de tous les droits de sa succession, ou si l'on a rien entrepris sur lui[h] ou son prédécesseur ; mais certes la coutume, qui a en toutes choses grand pouvoir sur nous, n'a en aucun endroit si grand' vertu[i] qu'en ceci, de nous enseigner à servir, et, comme l'on dit de Mithridate qui[6] se fit ordinaire à boire le poison, pour nous apprendre à avaler et ne trouver point amer le venin de la servitude. L'on ne peut pas nier que la nature n'ait en nous bonne[7] part pour nous tirer là où elle veut, et nous faire dire bien ou mal

1. b, c : que les hommes naissent sous le joug, et puis (…) se contentant (…) et ne pensant point (…) trouvé, ils prennent

2. V : d'autre droit ni autre bien – D : d'autre droit ou autre bien

3. c : leur nature

4. amb : toutefois si n'est-il

5. b, c, Vb49 : si prodigue ou nonchalant, qui quelquefois ne passe les yeux dans ses registres pour entendre

6. V : de Mithridate, qui se fit ordinaire à boire le poison (*confusion phonétique de* qui *avec* qu'il *requis par la syntaxe*) – pds : de Mithridate (qui se lit avoir fait ordinaire à boire le poison) pour nous apprendre à avaler

7. V : en nous grande part

(h) *Si l'on n'a pas porté quelque atteinte à ses droits*   (i) *puissance* nés; mais si faut-il confesser qu'elle a en nous moins de pouvoir que la coutume, pource que le naturel, pour bon qu'il soit, se perd s'il n'est entretenu, et la nourriture nous fait toujours de sa façon, comment que ce soit, malgré la nature : les semences de bien que la nature met en nous sont si menues et glissantes, qu'elles ne peuvent endurer le moindre heurt de la nourriture contraire : elles ne s'entretiennent pas si[1] aisément comme elles s'abâtardissent, se fondent et viennent à rien, ni plus ni moins que les arbres fruitiers, qui ont bien tous quelque naturel à part, lequel ils[2] gardent bien si on les laisse venir[j], mais ils le laissent aussitôt pour porter d'autres fruits étrangers et non les leurs, selon qu'on les ente ; les herbes ont chacune leur propriété, leur naturel et singularité, mais toutefois le gel, le temps, le terroir ou la main du jardinier y ajoutent ou diminuent beaucoup de leur vertu : la plante qu'on a vue en un endroit, on est ailleurs empêché de la reconnaître. Qui verrait les Vénitiens, une poignée de gens vivant si librement que le plus méchant d'entre eux ne voudrait pas être le[3] roi de tous, ainsi nés et nourris qu'ils ne reconnaissent point d'autre ambition, sinon à qui mieux avisera et plus soigneusement prendra garde à entretenir la[4] liberté :

1. V, pds : pas plus aisément qu'elles s'abâtardissent
2. Vb49 : lequel on garde si on les laisse venir
3. V : être roi, et tous ainsi
4. V, amb, pds : avisera à soigneusement entretenir leur liberté : ainsi appris et faits dès le berceau

(j) *se développer*

ainsi appris et faits dès le berceau, qu'ils ne prendraient point tout le reste des félicités de la terre pour perdre le moindre point de leur franchise; qui aura vu, dis-je, ces personnages-là, et au partir de là s'en ira aux terres de celui que nous appelons Grand[1] Seigneur, voyant là les gens qui ne veulent[2] être nés que pour le servir, et qui pour maintenir[3] sa puissance abandonnent leur vie: penserait-il que ceux-là et les autres eussent un même naturel, ou plutôt s'il n'estimerait pas que sortant d'une cité d'hommes il était entré dans un parc de bêtes?

Lycurgue, le policeur[k] de Sparte, avait[4] nourri, ce dit-on, deux chiens tous deux frères, tous deux allaités de même lait, l'un engraissé en la cuisine, l'autre accoutumé par les champs au son de la trompe et du huchet[l], voulant montrer au peuple lacédémonien que les hommes sont tels que la nourriture les fait, mit les deux chiens en plein marché, et entre eux une soupe et un lièvre; l'un courut au plat et l'autre au lièvre; Toutefois[5], dit-il, si sont-ils frères. Doncques celui-là avec ses lois et sa police nourrit et fit si bien les

---

1. V, amb, pds : appelons le grand seigneur (*majuscules ajoutées – Le Sultan de Turquie : l'Empire Ottoman passait au xvie siècle pour un modèle de despotisme.*)

2. ms : qui ne pensent être nés – b, c, Vb49 : qui ne peuvent être nés

3. V, amb : qui pour le maintenir abandonnent leur [amb : la] vie

4. b, c, amb, pds : Sparte, ayant nourri

5. (*Majuscule ajoutée, ainsi que la suivante*) – b, c : toutefois, ce dit-il – ms : ce disje

(k) *le législateur qui a établi l'organisation politique (« police ») de Sparte*
(l) *cor de chasse*

Lacédémoniens, que chacun d'eux eût eu[1] plus cher de
mourir de mille morts, que de reconnaître autre seigneur
que la loi et la raison[2].

Je prends plaisir de ramentevoir[m] un propos que
tinrent jadis un[3] des favoris de Xerxès, le grand roi des
Persans, et deux Lacédémoniens. Quand Xerxès faisait
les appareils[n] de sa grande armée pour conquérir la
Grèce, il envoya ses ambassadeurs par les cités gré-
geoises, demander de l'eau et de la terre : c'était la façon
que les Persans avaient de sommer les villes de[4] se
rendre à eux. A Athènes ni à Sparte n'envoya-il point,
pource que ceux que Darius son père y avaient envoyés,
les[5] Athéniens et les Spartains en avaient jeté les uns
dedans les fossés, les autres dans[6] les puits, leur disant
qu'ils prissent hardiment de là de l'eau et de la terre pour
porter à leur prince : ces gens ne pouvaient souffrir que
de la moindre parole seulement on touchât à leur liberté.
Pour en avoir usé ainsi, les Spartains connurent qu'ils

---

1. c, Vb49 : chacun d'eux eût eu plus cher [*leçon adoptée contre V
et M, ... d'eux eut plus cher*]

2. V : que la Loi et le Roi. (*alinéa et majuscules du ms, pour
formule stéréotypée ?*) Je

3. V, amb : jadis les favoris de Xerxès (…) Perse, touchant les
Spartiates. Quand il faisait

4. V, amb, pds : sommer les villes. A Sparte ni en Athènes

5. amb, pds : envoyés pour faire pareille demande, les

6. V : les autres ils avaient fait sauter dans un puits

(m) *évoquer en pensée*   (n) *préparatifs*

avaient encouru la haine des dieux, même [1] de [o] Talthybie
le dieu des hérauts : ils s'avisèrent d'envoyer à Xerxès,
pour les [2] apaiser, deux de leurs citoyens pour se
présenter à lui, qu'il fît d'eux à sa guise, et se payât de là
pour les ambassadeurs qu'ils avaient tués à son père.
Deux Spartains [3], l'un nommé Sperte et l'autre Bulis,
s'offrirent de leur gré pour aller faire ce paiement ; de fait
ils y allèrent, et en chemin ils arrivèrent au palais d'un
Persan, qu'on nommait [4] Indarne, qui était Lieutenant du
Roi en toutes les villes d'Asie qui sont sur les [5] côtes de la
mer ; il les recueillit [p] fort honorablement et [6] leur fit
grand'chère, et après plusieurs propos tombant de l'un
en l'autre, il leur demanda pourquoi ils refusaient tant
l'amitié du roi : Voyez [7], dit-il, Spartains, et connaissez
par moi comment le Roi sait honorer ceux qui le valent,
et pensez que si vous étiez à lui il vous ferait de même : si
vous étiez à lui et qu'il vous eût connus, il n'y a celui [q]
d'entre vous qui ne fût seigneur d'une ville de Grèce.

1. V : des dieux mêmes, spécialement de Thaltibie
2. Vb49 : pour l'apaiser
3. V : Spartiates, l'un nommé Specte, l'autre Bulis (…) paiement,
ils y
4. V : d'un Perse qu'on appelait Gidarne, qui
5. V : sur la côte
6. V : honorablement, et après
7. V : Roi : Croyez, dit-il

(o) *la haine des dieux, spécialement de Talthybie* (Talthybios, héraut
d'Agamemnon dans l'*Iliade*, était vénéré à Sparte comme dieu protecteur des
ambassades) (p) *accueillit* (q) *aucun de vous deux ne manquerait d'être
<nommé> gouverneur*

– En ceci, Indarne[1], tu ne nous saurais donner bon
conseil, dirent les Lacédémoniens, pource que le bien
que tu nous promets, tu l'as essayé ; mais celui dont nous
jouissons, tu ne sais que c'est. Tu[2] as éprouvé la faveur
du roi ; mais de la liberté, quel goût elle a, combien elle
est douce, tu n'en sais rien. Or si tu en avais tâté, toi-
même nous conseillerais de la défendre, non pas avec la
lance et l'écu, mais avec les dents et les ongles. Le seul[3]
Spartain disait ce qu'il fallait dire ; mais certes et l'un et
l'autre parlait comme il[4] avait été nourri : car il ne se
pouvait faire que le Persan eût[5] regret à la liberté, ne
l'ayant jamais eue, ni que le Lacédémonien endurât la
sujétion ayant goûté de la franchise.

Caton l'Uticain[r], étant encore enfant et sous la verge,
allait et venait souvent chez Sylla le dictateur, tant
pource qu'à raison du lieu et maison[s] dont il était on ne
lui refusait[6] jamais la porte, qu'aussi ils étaient proches
parents. Il avait toujours son maître[t] quand il y allait,
comme ont accoutumé les enfants de bonne maison.
Il[7] s'aperçut que dans l'hôtel de Sylla, en sa présence ou

1. V : en ceci, Gidarne
2. (*majuscule ajoutée, ainsi que la suivante*)
3. b, c : le seul Spartiate disait
4. b, c : comme ils avaient été nourris, car
5. [*V atteste l'imparfait du subjonctif* eust, *confirmé par* endurast]
6. V, amb : on ne lui fermait jamais les portes (pds : … jamais la
porte), qu'aussi
7. V *ponctue par virgules jusqu'à* … était libre (fin p. 61).

(r) *Caton d'Utique (plus tard, héros de la résistance républicaine au coup
d'état de César)*   (s) *rang et famille*   (t) *précepteur*

par son commandement, on emprisonnait les uns, on condamnait les autres, l'un était banni, l'autre étranglé, l'un demandait la confiscation d'un citoyen, l'autre la tête : en somme tout y allait non comme chez un officier de ville [1], mais comme chez un tyran de peuple ; et c'était non pas un parquet de justice, mais un ouvroir [2] de tyrannie. Si [3] dit lors à son maître ce jeune gars : Que ne me donnez-vous un poignard, je le cacherai sous ma robe, j'entre souvent dans la chambre de Sylla avant qu'il soit levé ; j'ai le bras assez fort pour en dépêcher [u] la ville – voilà certes [4] une parole vraiment appartenante à Caton : c'était un commencement de ce personnage digne de sa mort ; et néanmoins qu'on ne die ni son nom ni son pays, qu'on conte seulement le fait tel qu'il est, la chose même parlera et jugera l'on à belle aventure [v] qu'il était Romain, et né dedans Rome, et [5] lorsqu'elle était libre.

1. V : de la ville (…) du peuple

2. ms, b : une caverne de tyrannie – c : une taverne de tyrannie – pds : un ouvroir et caverne de tyrannie – Vb49 : un ouvroir de La Tyrannie

3. amb, pds : si dit à son maître ce noble gars – ms : le noble enfant dit à … – b, c : ce noble enfant dit à …

4. V, amb : Voilà vraiment une parole appartenante à Caton – pds : Voilà une parole appartenante vraiment à Caton – Vb49 : Voyant certes une parole appartenante à Caton – *M* : voilà certes (*sans majuscule*)

5. V : né dedans Rome, mais dedans [b, c : dans] la vraie Rome, et lorsqu'elle était libre

(u) *débarrasser*   (v) *avec toutes chances de tomber juste*

A quel propos tout ceci? non pas certes que j'estime que le pays ni[1] le terroir y fassent rien; car en toute contrée, en tout air est amère[2] la sujétion, et plaisant d'être libre; mais[3] parce que je suis d'avis qu'on ait pitié de ceux qui en naissant se sont trouvés le joug au col, ou bien qu'on les excuse, ou bien qu'on leur pardonne, si n'ayant vu[4] seulement l'ombre de la liberté et n'en étant point avertis ils ne s'aperçoivent point du mal que ce leur est d'être esclaves. S'il y avait[5] quelque pays comme dit[6] Homère des Cimmériens[w], où le soleil se montre autrement qu'à nous, et après leur avoir éclairé six mois continuels il les laisse sommeillants dans l'obscurité sans les venir revoir de l'autre demi-année: ceux qui naîtraient pendant cette longue nuit, s'ils n'avaient pas[7] ouï parler de la clarté, s'ébahirait-on si n'ayant point vu de jours[8] ils s'accoutumaient aux ténèbres où ils sont nés sans désirer[9] la lumière? on ne plaint jamais ce qu'on

---

1. V : que le pays et le terroir y parfassent – amb : que le pays ou le terroir y parfassent (*en M, la négation* ni, *en désaveu de l'hypothèse, est explétive*)

2. V : est contraire la sujétion

3. ms, c : *alinéa et majuscule à* Mais

4. V : n'ayant jamais vu – *cf.* amb, pds : n'ayant vu jamais

5. V, pds, Vb49 : s'il y a quelque pays

6. ms. 1610 : comme disent les nouveaux cosmographes et du vieux temps le bon Homère des Cimmériens

7. V : s'ils n'avaient ouï

8. V : si n'ayant jamais vu de jour ils

9. amb : sans demander la

(w) *Odyssée, XI, vers 14-19 – sur ce peuple où la nuit est perpétuelle, La Boétie croit reconnaître l'hiver polaire.*

n'a jamais eu, et le regret ne vient point sinon qu'après le plaisir; et toujours est avec la connaissance du mal[1] la souvenance de la joie passée. La nature[2] de l'homme est bien d'être franc et de le vouloir être; mais aussi sa nature est telle que naturellement il tient le pli que la nourriture[x] lui donne. Disons donc ainsi, qu'à[3] l'homme toutes choses lui sont comme[4] naturelles, à quoi il se nourrit et accoutume; mais cela[5] seulement lui est naïf, à quoi sa nature simple et non altérée l'appelle; ainsi[6] la première raison de la servitude volontaire, c'est la coutume: comme des plus braves courtauds qui au commencement mordent le frein, et puis[7] s'en jouent; et là où naguère ruaient contre la selle, ils se parent[8] maintenant dans les harnois, et tout fiers se gorgiasent[y] sous la barde[z]. Ils disent qu'ils ont été toujours sujets; que leurs pères ont ainsi vécu; ils pensent qu'ils sont tenus d'endurer le

1. V : avec la connaissance du bien le souvenir de

2. V : le naturel de (*et dans V, le ms ponctue par alinéa et majuscule à la phrase suivante*, Disons donc)

3. c : Disons donc, Ainsi qu'à l'homme toute choses (…) accoutume, mais (…) l'appelle : ainsi la première

4. amb : lui sont naturelles

5. V : seulement ce lui est naïf – amb, pds : ce seulement lui est naïf (*corrigé à tort en* natif *dans pds*)

6. Vb49 : l'appelle La première raison de la servitude volontaire c'est la coutume des plus braves courtauds qui

7. V : et puis après s'en

8. V : se portent maintenant dans le harnois

(x) *éducation* (y) *se rengorgent* (z) *harnachement*

mal[1], et se font accroire par exemples et fondent eux-mêmes sur[2] la longueur du temps la possession de ceux qui les tyrannisent, mais pour vrai les ans ne donnent jamais droit de malfaire, ains agrandissent l'injure[a]. Toujours s'en trouve-il[3] quelques-uns mieux nés que les autres, qui sentent le poids du joug et ne se[4] peuvent tenir de le secouer, qui ne s'apprivoisent jamais de la sujétion, et qui toujours comme Ulysse, qui par mer et par terre cherchait toujours[5] de voir de la fumée de sa case, ne se peuvent tenir[6] d'aviser à leurs naturels privilèges, et de se souvenir de leurs prédécesseurs, et de leur premier être : ce sont volontiers ceux-là qui ayant l'entendement net, et l'esprit clairvoyant, ne se contentent pas comme le gros populas de regarder ce qui est devant leurs pieds,

---

1. V : d'endurer le mors, et se le font accroire (*avec permutation des pronoms dans D et amb* : le se font)

2. V : eux-mêmes sur la longueur la possession (*nous retenons* sur, *contre M* : sous, *mais rétablissons* du temps, *omis dans V et amb au préjudice du sens*)

3. V : toujours en demeure-il (*et majuscule ajoutée à* toujours *au début de l'alinéa*)

4. V : ne peuvent tenir de le crouler – pds : ne se savent garder de le crouler – Vb49 : ne se peuvent tenir sans crouler, et qui ne s'apprivoisent jamais en sujets ; et qui toujours (*variantes d'hésitation, atténuant la violence connotée par le verbe « crouler » pris ici au sens de* « secouer »)

5. V : cherchait de voir – Vb49 : comme Ulysse qui par mer et par terre la fumée de sa case ne se

6. V : ne se peuvent garder d'aviser – pds, Vb49 : ne se savent garder

(a) *injustice*

s'ils n'avisent et derrière et devant, et ne remémorent[1] encore les choses passées pour juger de celles du temps à venir, et pour mesurer les présentes ; ce sont ceux qui ayant la[2] tête, d'eux-mêmes, bien faite, l'ont encore polie par l'étude et le savoir : ceux-là, quand la liberté serait entièrement perdue et toute hors du monde, l'imaginent[3] et la sentent en leur esprit, et encore la savourent ; et la servitude ne leur est de goût[b], pour tant bien qu'on l'accoutre. Le[4] Grand Turc s'est bien avisé de cela, que les livres et la doctrine donnent plus que toute autre chose aux hommes le sens et[5] l'entendement de se reconnaître, et de haïr la tyrannie : j'entends qu'il n'a en ses terres guère de gens[6] savants, ni n'en demande.

Or communément le bon zèle et affection de ceux qui ont gardé malgré le temps la dévotion à la franchise, pour si grand nombre qu'il y en ait, demeure[7] sans effet pour ne s'entreconnaître point ; la liberté leur est toute ôtée, sous le tyran, de faire, de[8] parler, et quasi de penser :

1. V, amb : et ne ramènent encore les choses

2. amb, pds : ayant d'eux-mêmes la tête bien faite,

3. b, c : l'imaginant et la sentant (…) et encore la savourant, [V] la servitude ne leur est jamais de goût

4. (ms fait commencer ici l'alinéa)

5. V : le sens de se

6. V : guère de plus savants qu'il n'en demande

7. V, amb, pds : si grand nombre qu'il y en ait, en demeure sans effet

8. V : de faire et de parler et quasi

(b) n'est pas à leur goût, si élégamment qu'on la déguise

ils deviennent[1] tous singuliers en leurs fantaisies.
Doncques[2] Mome, le dieu moqueur, ne se moqua pas
trop quand il trouva cela à redire en l'homme que
Vulcain avait fait, dequoi il ne lui avait mis une petite
fenêtre au cœur, afin que par là on pût voir ses pensées.
L'on[3] voulsist[c] bien dire que Brutus, Cassius et Cascus,
lorsqu'ils entreprirent[4] la délivrance de Rome ou plutôt
de tout le monde, ne voulurent pas que Cicéron, ce grand
zélateur du bien public s'il en fut jamais, fût de la partie ;
et estimèrent son cœur trop faible pour un fait si haut : ils
se fiaient bien de sa volonté, mais ils ne s'assuraient
point de son courage. Et toutefois, qui voudra discourir[d]
les faits du temps passé et les annales anciennes, il s'en
trouvera peu ou point de ceux qui, voyant leur pays mal
mené et en mauvaises mains, aient entrepris d'une
intention[5] bonne, entière et non feinte de le délivrer, qui
n'en soient venus à bout, et que la liberté pour se faire

1. V, amb : ils demeurent tous singuliers (*le verbe connote
l'inertie*)
2. V : fantaisies. Pourtant Mome (*= le dieu du sarcasme*) ne se
moqua pas trop [pds : pas impertinemment] quand
3. V : L'on a voulu dire (*et majuscule ajoutée*)
4. V : lorqu'ils firent l'entreprise de
5. V : mains, ayant entrepris d'une bonne intention de le délivrer,
qu'ils n'en soient

(c) *on aurait dit (*litt. « *On aurait voulu dire…* », déclaration atténuée*) (d) *si
l'on veut parcourir (*pour inspection*) …

paraître[1] ne se soit elle-même fait épaule[e]; Harmodios[f], Aristogiton, Thrasybule le vieux, Valérius et Dion, comme ils l'ont vertueusement pensé, l'exécutèrent heureusement[g] : en tel cas, quasi jamais[2] à bon vouloir ne défaut la fortune. Brutus le jeune et Cassius ôtèrent bien heureusement la servitude; mais en ramenant la liberté ils moururent non pas misérablement (car quel blasphème serait-ce de dire qu'il y ait eu rien de misérable en ces gens-là, ni en leur mort, ni en leur vie !) mais certes au grand dommage, perpétuel malheur et grande ruine de la république, laquelle fut, comme il semble[3], enterrée avec eux. Les[4] autres entreprises qui ont été faites depuis contre les empereurs[5] romains n'étaient que conjurations de gens ambitieux, lesquels ne sont pas à plaindre des inconvénients qui leur en sont advenus, étant bel à voir qu'ils désiraient non pas ôter[6]

1. V, pds : pour se faire apparaître (= *pour provoquer son apparition*)

2. Vb49 : en tel cas quasi à bon vouloir ne défaut Jamais la fortune

3. V, pds : comme il me semble

4. amb : Les (…) qui furent faites depuis – (*majuscule ajoutée, ainsi que les cinq suivantes*)

5. V : contre les autres empereurs (…) n'étaient que de (*b, c* : des) conjurations

6. V : désiraient non pas d'ôter mais de ruiner la

(e) *donné appui* (f) (*Harmodios et Aristogiton tuèrent Hipparque, tyran d'Athènes, en 514 AC ; Thrasybule rétablit la démocratie à Athènes en 409, puis en 402 ; Brutus et Valérius chassèrent les Tarquins et firent de Rome une république ; Dion destitua Denys, tyran de Syracuse, et organisa la cité en république*) (g) *avec succès*

mais remuer[h] la couronne, prétendant chasser le tyran, et retenir la tyrannie : à ceux-ci je ne voudrais pas moi-même qu'il leur en fût bien succédé[i], et suis content qu'ils aient montré par leur exemple qu'il ne faut pas abuser du saint nom de liberté pour faire mauvaise entreprise.

Mais pour revenir à notre[1] propos, duquel je m'étais quasi perdu, la première raison pourquoi les hommes servent volontiers, est pour ce qu'ils naissent serfs et sont nourris tels. De cette-ci en vient une autre, qu'aisément[2] les gens deviennent sous les tyrans lâches et efféminés. Dont je sais merveilleusement bon gré à Hippocrate, le grand père de la médecine, qui s'en est pris garde et l'a ainsi dit, en l'un de ses livres qu'il institue[3] des maladies. Ce personnage avait certes en[4] tout le cœur en bon lieu, et le montra bien lorsque le Grand Roi le voulut attirer près de lui à force d'offres et de grands présents, il lui répondit franchement qu'il ferait grand'conscience de se mêler de guérir les barbares qui voulaient tuer les Grecs et de bien servir par son art à lui qui entreprenait d'asservir la Grèce : la lettre qu'il lui envoya se voit encore

1. V : Mais pour revenir à mon propos, lequel j'avais quasi perdu (*alinéa de ms, majuscule ajoutée*)
2. amb : que telles gens aisément deviennent
3. V : qu'il intitule des maladies
4. V : certes le cœur – amb : certes toujours le cœur

(h) *déplacer la couronne (d'une dynastie à une autre)*   (i) *qu'ils en eussent eu le succès*

aujourd'hui parmi ses autres œuvres et témoignera pour jamais de son bon cœur et de sa noble nature.

Or est-il doncques[1] certain qu'avec la liberté se perd tout en un coup la vaillance : les gens sujets[2] n'ont point d'allégresse au combat ni d'âpreté ; ils vont au danger quasi[3] comme attachés et tout engourdis, par manière d'acquit, et ne sentent point bouillir dans leur cœur l'ardeur de la franchise, qui fait mépriser le péril, et donne envie d'acheter par une belle mort entre ses compagnons l'honneur et[4] la gloire ; entre les gens libres c'est à l'envi à qui mieux mieux, chacun[5] pour le bien commun, chacun pour soi : ils[6] s'attendent d'avoir tous leur part au mal de la défaite ou au bien de la victoire ; mais les gens asservis[7], outre ce courage guerrier ils perdent aussi en toutes autres choses la vivacité et ont le cœur bas et mol, et incapable de toutes choses grandes ;

1. V : Or est-il certain qu'avec la liberté tout à un coup se perd

2. amb : vaillance : les gens suspects n'ont point (« *suspects* », *coquille pour « subjects » – Quatre lignes plus haut, la leçon de pds,* « *et de rien servir par son art* », *sans particule négative, pourrait être retenue comme indéfinie : « …et de coopérer en quoi que ce soit par son art… »*)

3. V : au danger comme attachés

4. V : l'honneur de la gloire – amb : l'ardeur de la gloire

5. Vb49 : mieux, et qui plus soigneusement chacun pour soi, là où Ils s'attendent

6. V : commun, chacun pour soi ; là où ils s'attendent d'avoir toute leur part

7. V : les gens assujettis, outre

les tyrans connaissent bien cela, et voyant qu'ils prennent ce pli, pour les faire mieux avachir[1] encore y aident-ils.

Xénophon, historien grave et du premier rang entre les grecs, a fait un livre auquel il fait parler Simonide avec Hiéron, tyran[2] de Syracuse, des misères du tyran; ce livre est plein de bonnes et graves remontrances, et qui ont aussi bonne grâce, à mon avis, qu'il est possible : que plût à Dieu que tous les[3] tyrans qui ont jamais été l'eussent mis devant les yeux et s'en fussent servi de miroir! je ne puis pas croire qu'ils[4] n'eussent reconnu leurs verrues, et eu quelque honte de leurs taches. En[5] ce traité il conte la peine en quoi sont les tyrans, qui sont contraints, faisant mal à tous, se craindre de tous : entre autres choses il dit cela, que les mauvais rois se servent d'étrangers à la guerre et les soudoient[6], ne s'osant fier de mettre à leurs gens, à qui ils ont fait tort, les[7] armes en

1. pds : mieux abaisser [V, pds :] encore leur y aident-ils – M : encore ils (*méprise auditive pour y*) aident ils

2. V, pds : Hiéron, le Roi de

3. V : que les tyrans

4. Vb49 : Je ne puis pas croire leurs verrues (*l'omission de « ... qu'ils (...) reconnu... » rend le texte absurde*)

5. (*majuscule ajoutée, ainsi que la suivante*)

6. M : et les soldats - *erreur d'audition corrigée en marge, au crayon, en* et les soldent – cf. V : et les soudoient, *adopté ici*) – Vb49 : les mauvais Rois sont contraints se servir des étrangers à la guerre et les soldoient ne s'osant fier

7. pds : gens (auxquels ils ont fait tort de force) les armes

main (il y a bien[1] eu de bons rois qui ont eu à leur solde des nations étrangères, comme des Français mêmes, et plus encore d'autrefois qu'aujourd'hui ; mais à une autre intention : pour garder les leurs, n'estimant rien le dommage de l'argent pour épargner les hommes ; c'est ce que disait Scipion, ce crois-je, le grand Africain : qu'il aimerait mieux avoir sauvé un citoyen, que défait cent ennemis). Mais certes cela est bien assuré, que le tyran ne pense jamais que sa puissance lui soit assurée, sinon[2] quand il est venu à ce point, qu'il n'a sous lui homme qui vaille. Doncques à bon droit lui dira-on cela, que Thrason en[3] Térence[j] se vante avoir reproché au maître des éléphants :

> Pour cela si brave vous êtes,
> Que vous avez charge des bêtes.

Mais[4] cette ruse de tyrans, d'abêtir leurs sujets, ne se peut pas connaître plus clairement que par ce que Cyrus fit envers[5] les Lydiens après qu'il se fut emparé de Sardis, la maîtresse ville de Lydie, et qu'il eut pris à

---

1. V : il y a eu de bons rois qui ont bien eu à leur solde des nations étranges – (*amb et Vb49 omettent toute la parenthèse* il y a bien eu (…) cent ennemis)

2. Vb49 : assurée Jusques à ce qu'il n'a sous lui

3. (*leçon de b, c et amb, adoptée ici contre M*, Thrason ou Térence ; *dans le distique cité se distingue une première graphie* charge *de* bêtes, *plus plausible*).

4. (*majuscule ajoutée, ainsi que la suivante*)

5. V : fit aux Lydiens

(j) *L'Eunuque*, 405

merci Crésus, ce tant riche roi, et l'eut amené quand[1] et
soi[k]; on lui apporta nouvelles que les Sardains s'étaient
révoltés; il les eut bientôt réduits[l] sous sa main; mais ne
voulant pas ni mettre à sac une tant belle[2] ville, ni être
toujours en peine d'y tenir une[3] armée pour la garder, il
s'avisa d'un grand expédient pour s'en assurer: il y
établit des bordeaux, des tavernes et jeux publics, et fit
publier une ordonnance, que les habitants eussent à en
faire état[m]. Il se trouva si bien de cette garnison, que
jamais[4] après contre les Lydiens ne fallut tirer un coup
d'épée: ces pauvres et misérables gens s'amusèrent
à inventer toutes sortes de jeux, si bien que les Latins
en ont tiré leur mot, et ce que nous appelons passetemps,
ils l'appellent *lude*[n], comme s'ils voulaient dire *Lyde*.
Tous les tyrans n'ont pas ainsi déclaré exprès[o] qu'ils
voulsissent efféminer leurs gens[5]: mais pour vrai ce que
celui ordonna formellement et en effet, sous main[p]
ils l'ont pourchassé la plupart. A la vérité c'est le naturel
du menu populaire, duquel le nombre est toujours

---

1. V : l'eut emmené captif quant et soi
2. Vb49 : une tant noble ville
3. V : tenir cette garnison pour
4. V : qu'il ne lui fallut jamais depuis tirer un coup d'épée contre
les Lydiens : ces
5. b, c, amb, pds : leurs hommes, mais sous main la plupart l'ont
pourchassé. A la vérité ce serait

(k) *avec soi* (l) *Il eut tôt fait de les ramener sous son pouvoir* (m) *à en tenir
compte (en les fréquentant)* (n) *étymologie de fantaisie : en latin, « ludus »
signifie « jeu »* (o) *déclaré explicitement qu'ils voulussent* (p) *la plupart l'ont
recherché sous couvert*

plus grand dedans[1] les villes : qu'il est soupçonneux à l'endroit de celui qui l'aime, et simple[q] envers celui qui le trompe. Ne pensez pas qu'il y ait nul oiseau qui se prenne mieux à la pipée, ni poisson aucun qui pour la friandise du ver s'accroche plus tôt dans le haim[r], que tous les peuples s'allèchent vitement à la servitude par la moindre plume qu'on leur passe comme l'on dit devant la bouche : et c'est chose merveilleuse qu'ils se laissent aller ainsi tôt, mais[s] seulement qu'on les chatouille. Les théâtres, les jeux, les farces, les spectacles, les gladiateurs, les bêtes étranges, les médailles, les tableaux et autres telles drogueries[t], c'étaient aux peuples anciens les appâts de la servitude, le prix de leur liberté, les outils de la tyrannie : ce moyen, cette pratique, ces[2] allèchements avaient les anciens tyrans pour endormir leurs sujets[3] sous le joug. Ainsi les peuples assottis[u] trouvant beaux ces passe-temps, amusés d'un vilain plaisir qui leur passait devant les yeux, s'accoutumaient à servir aussi niaisement[4], mais plus mal que les petits enfants qui pour voir les luisants images des livres enluminés[5] apprennent à lire. Les romains tyrans s'avisèrent encore

---

1. b, c : grand dans les villes. Il est
2. Vb49 : cette pratique avaient
3. V : leurs anciens sujets
4. ms : aussi aisément, mais
5. Vb49 : livres illuminés apprennent à lire. Les anciens tyrans

(q) *naïf* (r) *hameçon* (« *que* » introduit le complément de comparaison)
(s) *pourvu seulement* (t) *pacotilles* (u) *rendus stupides*

d'un autre point: de festoyer souvent les dizaines[1]
publiques, abusant cette canaille comme[2] il fallait, qui se
laisse aller plus qu'à toute autre chose au plaisir de la
bouche. Le[3] plus avisé et entendu d'entre eux n'eût pas
quitté son écuellée de soupe pour recouvrer la liberté de
la république de Platon[v]. Les tyrans faisaient largesse
d'un quart de blé, d'un setier de vin et d'un sesterce; et
lors c'était pitié d'ouïr crier Vive le Roi! les lourdauds ne
s'avisaient pas qu'ils ne faisaient que recouvrer une
partie du leur, et que cela même qu'ils recouvraient, le
tyran ne le leur eût pu donner, si devant[w] il ne l'avait ôté à
eux-mêmes: tel eût amassé aujourd'hui le sesterce, et
se fût gorgé au festin public, bénissant Tibère et Néron
et leur belle libéralité, qui le lendemain étant contraint
d'abandonner ses biens à leur avarice, ses enfants à la
luxure, son sang même à la cruauté de ces magnifiques
empereurs, ne disait mot non plus qu'une pierre, ne se
remuait non plus qu'une souche. Toujours le populaire a
eu cela: il est, au plaisir qu'il ne peut honnêtement

---

1. Vb49: festoyer souvent les dames publiquement (*la leçon*
dames, *pour* dizaines *(= subdivisions de la population de Rome) n'a
pas retenu l'attention des commentateurs; l'hésitation du scripteur
entre* publiques *(texte) et* publiquement *(marge), n'a pas été
interprétée)*

2. b, c: cette canaille qui se laisse

3. V: le plus entendu (= *compétent*) de tous (*majuscule ajoutée
ainsi que les trois suivantes*)

(v) *de la cité idéale décrite par Platon dans* La République   (w) *auparavant*

recevoir, tout ouvert et dissolu, et au tort et à la douleur qu'il ne[1] peut honnêtement souffrir, insensible. Je ne vois pas maintenant personne qui oyant parler de Néron ne tremble même au surnom de ce vilain monstre, de cette orde[x] et sale peste[2] du monde; et toutefois de celui-là, de ce boute-feu, de ce bourreau, de cette bête sauvage, on peut[3] bien dire qu'après sa mort aussi vilaine que sa vie, le noble peuple romain en reçut tel déplaisir se souvenant de ses jeux et de ses festins, qu'il fut sur le point d'en porter le deuil : ainsi l'a écrit Corneille Tacite[y], auteur bon et grave et[4] des plus certains, ce qu'on ne trouvera pas étrange, vu que ce peuple-là même avait fait auparavant à la mort de Jules César qui donna congé aux lois et à la liberté[z], auquel personnage[5] il n'y

1. V : douleur qu'il ne peut honnêtement souffrir : *leçon primitive de M, où la particule négative* ne *est raturée, de plume et encre différentes, à contresens (car il s'agit d'outrages, que l'on ne peut pas « souffrir » (= subir) sans déshonneur si l'on n'en tire pas réparation immédiate) ; V confirme la leçon* ne peut, *ainsi que pds et Vb49 (avec var.* ne peut recevoir)

2. V, amb : sale beste du

3. pds, Vb49 : on veut bien dire

4. V, amb : et grave des plus, et certes croyable, ce – Vb49 : et des plus certains écrivains. Ce qu'on ne trouve pas

5. V : fait à la mort de Jules César

(x) *répugnante* (y) Histoires, *I, 4* (z) *bannit les lois et la liberté (en mettant fin au régime républicain)*

eut ce me semble rien qui vaille[1] : car son humanité
même que l'on prêche[2] tant fut plus dommageable que la
cruauté du plus sauvage tyran qui fut onques ; pource
qu'à la vérité ce fut cette sienne venimeuse douceur qui
envers le peuple romain sucra la servitude ; mais après sa
mort ce peuple-là qui avait encore en la bouche ses
banquets, et en l'esprit la souvenance de ses prodigalités,
pour lui faire ses honneurs et le mettre en cendre amon-
celait à l'envi les bancs de la place[a], et puis lui éleva une
colonne comme au père du peuple (ainsi le portait le
chapiteau) et lui fit plus d'honneur, tout mort qu'il était,
qu'il n'en devait faire par[3] droit à homme du monde, si
ce n'était par aventure[b] à ceux qui l'avaient tué. Ils[4]
n'oublièrent pas aussi cela, les empereurs romains, de
prendre communément le titre de Tribun du peuple, tant
pource que cet office était tenu pour saint et sacré,
qu'aussi il était établi pour la défense et protection du
peuple, et sous la faveur de l'état. Par[5] ce moyen ils

1. V : rien qui valust, que son humanité : laquelle quoiqu'on la
prêchât tant, fut plus dommageable que la plus grande cruauté (…)

2. Vb49 : que l'on prêchait tant

3. V : faire à homme du monde – amb, pds : faire par raison à
homme du monde

4. (majuscule ajoutée)

5. V : de l'état. Par ce moyen (la segmentation de V adoptée ici
– contre M qui porte … et sous la faveur de l'état par ce moyen, ils… –
précise que le tribunat de César contribuait à légitimer son autorité
en la rattachant à une institution officielle de la République, ce qui la
plaçait « sous la faveur de l'état »).

(a) (pour entretenir la flamme du bûcher funèbre)   (b) peut-être

s'assuraient que le peuple se fierait plus d'eux[c], comme s'ils devaient en ouïr[1] le nom, et non pas sentir les effets au contraire[d]. Aujourd'hui ne font pas beaucoup mieux ceux qui ne font guère mal aucun, même[e] de conséquence, qu'ils ne fassent passer devant quelque joli propos du bien[2] public et soulagement commun. Car tu sais bien, ô Longa[f], le formulaire[g], duquel en quelques endroits ils pourraient user assez[3] finement, mais à la plupart certes il ne peut y avoir de finesse, là où il y a tant d'impudence.

Les rois d'Assyrie et encore après eux ceux de Mède[h] ne se présentaient en public que le plus tard qu'ils pouvaient, pour mettre en doute ce populas s'ils étaient en quelque chose plus qu'hommes[i], et laisser en cette rêverie les gens qui font volontiers les imaginatifs aux choses desquelles ils ne peuvent juger de vue : ainsi tant de nations qui furent assez longtemps sous cet empire

---

1. V, amb, pds : comme s'ils devaient encourir (pds : encouir – lire en ouïr) le nom (*à cette leçon erronée est ajoutée une erreur de segmentation, qui place « au contraire » au début de la phrase suivante*).

2. V : bien commun et soulagement public, Car vous savez bien (*l'interpellation adressée à Longa (voir ci-avant p. 50, note u) est omise dans amb*)

3. V : user avec assez de finesse

(c) *leur ferait davantage confiance*   (d) *la réalité effective qui le dément*
(e) *qui ne commettent guère de malversations, surtout graves, sans exposer d'abord pour prétexte quelque...*   (f) *(dédicataire du D.S.V. – voir p. 50, notes u et m)*   (g) *(Recueil de formules en usage dans les ordonnances royales)*
(h) *des Mèdes*   (i) *pour faire que cette populace se demande s'ils n'avaient pas quelque chose de surhumain*

assyrien, avec ce mystère s'accoutumèrent à servir, et servaient plus volontiers pour[j] ne savoir pas quel maître ils avaient, ni à grand peine s'ils en avaient, et craignaient tous à crédit un que personne n'avait jamais[1] vu. Les premiers rois d'Assyrie ne se montraient guère qu'ils ne portassent tantôt un[2] chat, tantôt une branche, tantôt du feu sur la tête, et se masquaient ainsi et faisaient les bateleurs, et en ce faisant par l'étrangeté de la chose ils donnaient à leurs sujets quelque révérence et admiration; où aux gens qui n'eussent été ou trop sots ou trop asservis ils n'eussent apprêté, ce m'est avis, sinon passe temps et risée. C'est pitié d'ouïr parler de combien de choses les tyrans du temps passé faisaient leur profit pour fonder leur tyrannie, de combien de petits moyens ils se servaient, ayant[3] de tout temps trouvé ce populas fait à leur poste, auquel ils ne savaient si mal tendre filet qu'ils[k] ne s'y vinssent prendre; lequel[4] ils ont toujours

1. V : que personne n'avait vu
2. V : portassent tantôt une branche
3. V : se servaient grandement, ayant trouvé – pds : ayant trouvé de tout le temps ce populas – Vb49 : ayans du tout trouvé ce populas
4. V : prendre; duquel ont toujours eu si bon marché de tromper, qu'ils – Vb49 : prendre, lequel ils ont trompé à si bon marché, qu'il ne s'assujettissait Jamais tant Sinon lors qu'il s'en moquait le plus (*on est tenté de corriger la dernière proposition en* lors qu'ils s'en moquaient le plus; *mais les hésitations sur les protagonistes pourraient avoir été calculées, comme pour une comédie de masques*)

(j) *faute de savoir quel* (k) *(ce pluriel renvoie au singulier collectif « populas »)* trompé à si bon marché qu'ils ne l'assujettissaient jamais tant que lorsqu'ils s'en moquaient le plus.

Que[1] dirai-je d'une autre belle bourde, que les peuples anciens prirent pour argent comptant? ils crurent fermement que le gros doigt de[2] Pyrrhus, roi des Epirotes, faisait miracles et guérissait les malades de la rate; ils enrichirent encore mieux le conte, que ce doigt après qu'on eut brûlé tout le corps mort s'était trouvé entre les cendres s'étant sauvé malgré le feu : toujours ainsi le peuple sot fait[3] lui-même les mensonges pour puis après les croire, prou de gens l'ont ainsi écrit[l] mais de façon qu'il est bel à voir qu'ils ont amassé cela des bruits de ville[4] et du vain parler du populas. Vespasian revenant d'Assyrie et passant à Alexandrie pour aller à Rome s'emparer de l'empire fit merveilles : il addressait[m] les boiteux, il rendait clairvoyants les aveugles, et tout plein d'autres belles choses, auxquelles, qui ne pouvait voir la faute qu'il y avait, il était à mon avis plus aveugle que ceux qu'il[n] guérissait. Les tyrans mêmes trouvaient bien[5] étrange que les hommes pussent endurer un homme leur faisant mal; ils voulaient fort se mettre la religion devant pour garde-corps et s'il était

---

1. Que dirai-je (*Alinéa et majuscule de b*)
2. V, pds : doigt d'un pied de
3. V : sot s'est fait
4. V : des bruits des villes et du vilain parler
5. V : trouvaient fort étrange

(l) *beaucoup de gens l'ont rapporté par écrit (cf. Plutarque,* Vie de Pyrrhus, *VI, et Suétone,* Vespasien *VII)*   (m) *Il remettait d'aplomb*   (n) *(antéc. Vespasien)*

possible emprunter quelque échantillon de la[1] divinité pour le maintien de leur méchante vie. Doncques Salmonée[o] si l'on croit à la Sibylle de Virgile en son enfer, pour s'être ainsi moqué des gens et avoir voulu faire du Jupiter, en rend maintenant compte, et[2] elle le vit en l'arrière-enfer,

> Souffrant cruels tourments pour vouloir imiter
> Les tonnerres du ciel et feux de Jupiter.
> Dessus quatre coursiers celui allait branlant[p]
> Haut monté dans son poing un grand flambeau brillant[3]
> Par[q] les peuples grégeois, et dans le plein marché
> De[4] la ville d'Elide haut il avait marché :
> Et faisant sa bravade ainsi entreprenait
> Sur l'honneur qui sans plus aux dieux appartenait.
> L'insensé, qui l'orage et foudre inimitable
> Contrefaisait d'airain, et d'un cours effroyable
> De chevaux corne-pieds, le[5] père tout-puissant :
> Lequel bientôt après ce grand mal punissant
> Lança, non un flambeau, non pas une lumière

1. V, amb, pds : échantillon de divinité pour le soutien de
2. V : conte où elle le vit – Vb 49 *place ici la traduction de J. Du Bellay* (voir note 2, p. 81), *au lieu de celle de La Boétie (qu'il ne transcrit pas)*
3. b, c : flambeau brûlant
4. V : marché / En faisant sa bravade, mais il entreprenait (*le vers 6 est omis, et le vers 7 déformé*)
5. V : cornepieds du père

(o) *fils d'Eole : il prétendait imiter le tonnerre et la foudre de Jupiter («le père tout-puissant») en faisant rouler sur des plaques de bronze un char d'où il lançait des torches enflammées* (p) *secouant (cplt un grand flambeau)* (q) *parmi*

D'une torche de cire avecques sa fumière,
Et de ce rude coup [1] d'une horrible tempête
Il le porta à bas les pieds par-dessus tête [r].

Si [2] cettui qui ne faisait que le sot est à cette heure si bien traité là-bas, je crois que ceux qui ont abusé de la

---

1. pds, b, c : Mais par le rude coup
2. M : *En marge des vers de La Boétie, placés dans le corps du texte avec guillemets ouverts à gauche, sont transcrits les vers de J. Du Bellay traduisant le même texte de Virgile, Enéide VI, v. 585-594, allégués comme paroles de la Sibylle; Vb49 ne cite que cette traduction, avec deux erreurs aux 14e et 15e vers (...*sur la vapeur.../d'une tache gommée):*

En l'arrière-enfer, comme elle dit,
J'ai vu aussi cruellement damnée
Au même lieu l'âme de Salmonée
Qui contrefit, pour la foudre imiter
Par un flambeau, le feu de Jupiter.
Quatre coursiers son chariot traînaient
Qui par la Grèce en pompe le menaient
Voire au milieu d'Elide la cité,
Et se donnait titre de déité :
Outrecuidé qui du dieu souverain,
En galopant dessus un pont d'airain
Contr'imitait l'inimitable orage.
Mais Jupiter par un épais nuage
Darda son trait, non la vapeur fumée
Sortant du feu d'une torche gommée,
Et accabla ce chef tant orgueilleux
D'un tourbillon terrible et merveilleux.

(r) *La Boétie paraphrase ici les vers 585-594 du chant VI de l'*Enéide, *dont il place sa propre traduction dans le corps du texte ; en marge droite est transcrite la traduction du même texte par J. du Bellay*

religion pour être méchants s'y trouveront encore à meilleures enseignes.

Les[1] nôtres semèrent en France je ne sais quoi de tel, des crapauds[s], des fleurs de lys, l'ampoule[t] et l'oriflamme : ce que de ma part, comment qu'il en soit, je ne veux pas mescroire[2] puisque nous ni nos ancêtres n'avons eu jusques ici aucune occasion de l'avoir mescru, ayant toujours eu des rois si bons en la paix et si vaillants en la guerre, qu'encore qu'ils naissent rois, si[u] semble-il qu'ils ont été non pas faits comme les autres par la nature, mais choisis par le Dieu tout-puissant avant que naître, pour le gouvernement et conservation[3] de ce royaume. Et encore quand cela n'y serait pas, si ne voudrais-je pas pour cela entrer en lice pour débattre la vérité de nos histoires, ni les éplucher si privément[v],

---

1. (alinéa du ms.)

2. V, pds : je ne veux pas encore mescroire (= refuser de croire) puisque (ponctué par Fr. Bayard je ne veux pas, encore mescroire, puisque) – amb modifie plus largement et plus bizarrement le texte : ce que (…) je ne veux pas encore croire, puisque nous ni nos prédécesseurs n'avons encore eu aucune occasion de l'avoir cru, ayant eu toujours… – Vb49 porte une leçon mixte pour le sens : ce que (…) je ne veux mécroire Encore que nous N'ayons Jusques Ici eu aucune occasion de l'avoir cru (majuscules de scansion de l'original). Les copistes sont visiblement déconcertés par cette mise en question de la tradition légendaire, aggravée par la confusion du texte.

3. V, amb : et la garde de ce royaume. Encore

(s) Anciennes armoiries des rois de France, antérieures aux fleurs de lys selon Pasquier (t) Ampoule d'huile utilisée pour l'onction du sacre, à l'abbaye de S. Denis dont « l'oriflamme » était la bannière (u) cependant il semble (v) de si près pour ne tollir[w] ce bel ébat où se pourra fort escrimer notre poésie française, maintenant non pas accoutrée, mais comme il semble faite tout à neuf par notre Ronsard, notre Baïf, notre Du Bellay, qui en cela avancent bien tant notre langue que j'ose espérer que bientôt les Grecs ni les Latins n'auront guère pour ce regard devant nous sinon possible le droit d'aînesse. Et certes je ferais grand tort à notre rime (car j'use volontiers de ce mot, et il ne me déplaît point, pource qu'encore que plusieurs l'eussent rendue mécanique[x], toutefois je vois assez de gens qui sont à même pour la[y] r'ennoblir et lui rendre son premier honneur), mais je lui ferais, dis-je, grand tort de lui ôter maintenant ces beaux contes du Roi Clovis auxquels déjà je vois ce me semble combien plaisamment, combien à son aise s'y égaiera la veine[1] de notre Ronsard en sa *Franciade* : j'entends sa portée, je connais l'esprit aigu, je sais la grâce de l'homme, il fera ses besognes de l'oriflamme aussi bien que les Romains de leurs anciles[z],

Et des boucliers du ciel en bas jetés

1. pds : la docte veine de notre gentil Ronsard

(w)*pour ne pas discréditer ce beau jeu* (x)*l'aient réduit à une technique* (*allusion aux jeux prosodiques des « rhétoriqueurs », discrédités par Du Bellay*) (y) (*antécédent « notre rime » = notre poésie*) (z) *Bouclier de bronze tombé du ciel sous le règne de Numa. Selon la sibylle Egérie, il était garant du salut de Rome ; Numa en fit forger onze copies, les anciles, pour en empêcher ou en dissimuler le vol.*

ce dit Virgile : il ménagera notre Ampoule, aussi bien que les Athéniens le[1] panier d'Erichtone ; il fera parler de nos armes aussi bien qu'eux de leur olive, qu'ils maintiennent être encore en la tour de Minerve. Certes je serais outrageux de vouloir démentir nos livres, et courir ainsi sur les erres[2] de nos poètes. Mais pour retourner[3] d'où je ne sais comment j'avais détourné le fil de mon propos, il[4] n'a jamais été que les tyrans, pour s'assurer, ne se[5] soient efforcés d'accoutumer le peuple envers eux, non seulement à obéissance et servitude, mais encore à dévotion. Doncques ce que j'ai dit jusques ici qui apprend les gens à servir plus volontiers, ne sert guère aux tyrans que pour le menu et grossier peuple.

Mais maintenant je viens à un[6] point lequel est à mon avis le ressort et le secret[7] de la domination, le

---

1. ms : Athéniens leur panier d'Erictone (*ou* panier d'Erysicthone *refait sur les variantes c et pds : il s'agit du berceau dans lequel Athéna avait placé l'enfant-serpent Erichtonios, futur roi d'Athènes ; le héros athénien Erysichtone en institua le culte au temple de Cérès*) : il se parlera de

2. ms : sur les lettres – b, c, amb : sur les terres (*pour* sur les erres= *traces*)

3. V : mais pour revenir d'où

4. V : propos, a-il jamais été que les tyrans pour s'assurer n'aient toujours tâché d'accoutumer

5. Vb49 : ne soient efforcés d'accoutumer

6. Vb49 : je viens à mon avis à un point

7. V : le secret et le ressourd de la

soutien et fondement de la tyrannie. Qui[1] pense que les hallebardes, les gardes et l'assiette du guet[a] garde les tyrans, à mon jugement se trompe fort, et s'en aident-ils, comme je crois, plus pour la formalité et épouvantail que pour fiance qu'ils y aient. Les archers gardent d'entrer au palais les mal-habillés[2] qui n'ont nul moyen, non pas les bien armés qui peuvent faire quelque entreprise. Certes des empereurs Romains il est aisé à compter qu'il n'en y a pas eu tant qui aient échappé quelque danger par le secours de leurs gardes[3] comme de ceux qui ont été tués par leurs archers mêmes. Ce ne sont pas les bandes de gens à cheval, ce ne sont pas les compagnies de gens de pied, ce ne sont pas les armes qui défendent le tyran ; on ne le croira pas du premier coup, mais[4] certes il est vrai : ce sont toujours quatre ou cinq qui maintiennent le tyran ; quatre ou cinq qui lui tiennent tout[5] le pays en servage ; toujours il[6] a été que cinq ou six ont eu l'oreille du tyran et s'y sont approchés d'eux-mêmes, ou bien ont été

---

1. *point et majuscule ajoutés ; M n'est ici ponctué que par une virgule ; Vb49 scande ...* volontiers Ne sert guère au Tyran que pour le menu populaire. Mais maintenant Je viens à mon avis en un point Lequel est le secret

2. V : les malhabiles qui

3. V : de leurs archers (...) par leurs gardes. Ce ne sont

4. V : coup : toutefois il est vrai

5. V : tiennent le pays tout en servage

6. Vb49 : toujours il a été que quatre ou Cinq ont l'oreille du Tyran ou s'y sont approchés d'eux-mêmes Ou bien y ont été appelés par luy pour être

(a) *le dispositif de surveillance*

appelés par lui pour être les complices de ses cruautés, les compagnons de ses plaisirs, les maquereaux de ses voluptés, et communs aux biens[b] de ses pilleries. Ces[1] six adressent[c] si bien leur chef qu'il faut pour la société[d] qu'il soit méchant non pas seulement de ses méchancetés[2], mais encore des leurs. Ces six ont six cents qui profitent sous eux, et font de leurs six cents ce que les six font au tyran. Ce six cents en[3] tiennent sous eux six mille qu'ils ont élevés en état[e], auxquels ils font[4] donner ou le gouvernement des provinces, ou le maniement des deniers, afin qu'ils tiennent la main à leur avarice[f] et cruauté, et qu'ils l'exécutent quand il sera temps, et fassent tant de maux d'ailleurs qu'ils ne puissent durer que sous leur ombre, ni s'exempter que par leur moyen des lois et de la peine[g]. Grande est la suite qui vient après cela, et qui voudra s'amuser à dévider ce filet, il verra que non pas les six mille, mais les cent mille, mais les millions par cette corde se tiennent au tyran, s'aidant d'icelle, comme en Homère[h] Jupiter qui se vante, s'il tire la chaîne, d'emmener vers soi tous les dieux. De là venait

---

1. (*Majuscule ajoutée, ainsi que les quatre suivantes*)
2. pds : de ses méchan<ce>tés propres, mais
3. Vb49 : Ces six cents ou six mille qu'ils ont élevés en l'état auxquels (*La confusion du verbe* ont *avec la conjonction* ou *désarticule le propos*)
4. V, amb, pds : auxquels ils ont fait donner

(b) *participant aux profits de* (c) *guident* (d) *pour affermir leur association* (e) *promus* (f) *cupidité* (g) *ni se soustraire que grâce à eux aux lois et aux sanctions* (h) *Iliade, VIII, 18-27.*

la crue[i] du Sénat sous Jules, l'établissement de nouveaux états, érection[1] d'offices : non pas certes à le bien prendre réformation de la justice, mais[2] nouveaux soutiens de la tyrannie. En somme que[3] l'on en vient là par les faveurs ou sous-faveurs, les gains ou regains qu'on a avec les tyrans, qu'il se trouve enfin quasi autant de gens auxquels la tyrannie semble être profitable comme de ceux à qui la liberté serait agréable[4].

Tout ainsi que les médecins disent qu'en notre corps s'il y a quelque chose de gâté, dès lors qu'en autre endroit il s'y bouge rien[j], il se vient aussitôt rendre vers cette partie véreuse : pareillement dès lors qu'un roi s'est déclaré tyran, tout le mauvais, toute la lie du Royaume, je ne dis pas un tas de larronneaux et essorillés[k] qui ne peuvent guère en une république faire mal ni bien, mais ceux qui sont tachés[5] d'une ardente ambition et d'une notable avarice s'amassent autour de lui et le soutiennent pour avoir part au butin et être, sous le grand tyran, tyranneaux eux-mêmes. Ainsi font les grands voleurs

1. V : états, élection d'offices – pds : érection d'officiers
2. Vb49 : justice Mais nouveaux soustènements de la
3. V : soutiens de la tyrannie. En somme l'on en vient là par les faveurs, les gains (…) qu'il se trouve quasi autant – Vb49 : nouveaux soutènements de la Tyrannie. En sorte que l'on en venait là, que
4. M *ne segmente ici que par une virgule.*
5. b : tarés – c : taxés (*la leçon de M*, « tachés », *est analogue à* « entachés », *qui a survécu.*

(i) *l'augmentation du nombre des sénateurs sous Jules César* (j) *il s'y altère quelque chose (modèle : la concentration de l'infection en un abcès)* (k) *amputés des oreilles (peine infligée aux petits larrons)*

et les fameux corsaires : les uns discourent[1] le pays,
les autres chevalent les voyageurs, les uns sont en embû-
che, les autres au guet, les autres massacrent, les autres
dépouillent ; et encore qu'il y ait entre eux des prééminences et que les uns ne soient que valets, les autres
chefs de l'assemblée, si n'en y a-il à la fin pas un qui
ne se sente, sinon du principal butin, au moins de la
recherche. On dit bien que les pirates Ciliciens[1/2] ne
s'assemblèrent pas seulement en si grand nombre qu'il
fallut envoyer contre eux Pompée le Grand, mais encore
tirèrent à leur alliance plusieurs belles villes et grandes
cités aux havres desquelles ils se mettaient en sûreté
revenant des courses, et pour récompense leur baillaient
quelque profit du recèlement de leur pillage.

Ainsi le tyran asservit les sujets les uns par le moyen
des autres, et est gardé par ceux desquels s'ils valaient[3]
rien[m] il se devrait garder : et[4] comme on dit, pour
fendre du bois il fait les coins du bois même. Voilà ses
archers, voilà ses gardes, voilà ses hallebardiers ; non[5]

---

1. amb, pds : les uns découvrent le pays (*mais* discourir *employé
au sens premier de* parcourir çà et là *convient mieux aux investigations
des voleurs en quête de proies*)

2. V : Pirates Siciliens ne

3. pds : desquels s'ils étaient gens de bien il – Vb49 : desquels s'ils
voulaient rien

4. V : garder : mais comme on dit, (…) il se fait des coins du bois
même – amb, Vb49 : on fait les coins – pds : il se fait les coins

5. V : hallebardiers. Il n'est pas que

(l) *La Cilicie, en Asie mineure, servait de base à ces corsaire*s. (m) *s'ils
avaient la moindre énergie*

pas qu'eux-mêmes ne souffrent quelquefois de lui ; mais ces perdus et abandonnés de Dieu et des hommes sont contents d'endurer du mal pour en faire non pas à celui qui leur en fait, mais à ceux qui endurent comme eux, et qui n'en peuvent mais. Toutefois[1] voyant ces gens-là qui naquètent[n] le tyran pour faire leurs besognes de sa tyrannie et de la servitude[2] du peuple il me prend souvent ébahissement de leur méchanceté, et quelquefois pitié de leur sottise[3], Car à dire vrai qu'est-ce autre chose de s'approcher du tyran, que se tirer plus arrière[o] de sa liberté, et par manière de dire serrer à deux mains et embrasser la servitude ? qu'ils mettent un petit à part[p] leur ambition et qu'ils se déchargent un peu de leur avarice, et puis qu'ils se regardent eux-mêmes et qu'ils se reconnaissent, et ils verront clairement que les villageois, les paysans, lesquels tant qu'ils peuvent ils foulent aux pieds et en font pis que de forçats ou esclaves, ils verront, dis-je, que ceux-là ainsi malmenés, sont toutefois au prix[q] d'eux fortunés et aucunement[r] libres : le laboureur et l'artisan, pour tant qu'ils soient asservis, en sont quittes en faisant ce qu'on leur dit ; mais le tyran voit

---

1. (*M ponctue par virgule* n'en peuvent mais, / toutefois)

2. Vb49 : pour faire leurs besognes de sa Tyrannie et de la Tyrannie du peuple (*sic, avec majuscules de l'original. Le brouillage suggère-t-il un lien entre démagogie et tyrannie ?*)

3. V : leur grande sottise

(n) *se font ramasse-balles du tyran (rôle dévolu au « naquet », dans la partie de paume) pour tirer profit de…* (o) *sinon s'éloigner davantage* (p) *Qu'ils mettent un instant de côté* (q) *en comparaison* (r) *en quelque façon*

les autres qui sont auprès de lui coquinant[s] et mendiant
sa faveur : il ne faut pas seulement qu'ils fassent ce qu'il
dit, mais qu'ils[1] pensent ce qu'il veut, et souvent, pour
lui satisfaire[t], qu'ils préviennent encore ses pensées ;
ce n'est pas tout, à eux, de lui obéir, il faut encore lui
complaire, il faut qu'ils se rompent, qu'ils se tourmen-
tent, qu'ils se tuent à travailler en ses affaires ; et puis
qu'ils se plaisent de son plaisir, qu'ils laissent leur goût
pour le sien, qu'ils forcent leur complexion, qu'ils
dépouillent leur naturel, il faut qu'ils se prennent garde à
ses paroles, à sa voix, à ses signes et à ses yeux ; qu'ils
n'aient œil, ni pied ni main que tout ne soit au guet pour
épier ses volontés, et pour découvrir ses pensées. Cela[2],
est-ce vivre heureusement ? cela s'appelle-il vivre ? est-il
au monde rien moins supportable que cela, je ne dis pas à
un homme de cœur, je ne dis pas à un bien né, mais
seulement à un qui ait le sens commun ou sans plus la
face d'homme ? quelle condition est plus misérable que
de vivre ainsi, qu'on[u] n'ait rien à soi, tenant d'autrui son
aise, sa liberté, son corps et sa vie ?

　　Mais[3] ils veulent servir pour avoir[4] des biens :
comme s'ils pouvaient rien gagner qui fût à eux,

---

1. Vb49 : dit, Mais ce qu'il veut
2. (*Majuscule ajoutée*)
3. (*Majuscule ajoutée*)
4. V : pour gagner des biens

(s) *quémandant*　(t) *lui donner satisfaction*　(u) *dans de telles conditions, qu'on*

puisqu'ils [1] ne peuvent pas dire de soi qu'ils soient à eux-mêmes; et [2] comme si aucun pouvait avoir rien de propre sous un tyran. Ils veulent faire que les biens soient à eux, et ne se souviennent pas que ce sont eux qui lui donnent la force pour ôter tout à tous, et ne laisser rien qu'on puisse dire être à personne. Ils voient que rien ne rend les hommes sujets à sa [3] cruauté que les biens, qu'il n'y a aucun crime envers lui digne de mort que le de-quoi [v]; qu'il n'aime que les richesses et ne défait que les riches; et [4] ils se viennent présenter comme devant le boucher, pour s'y offrir ainsi pleins et refaits, et lui en faire envie. Ces favoris ne se doivent pas tant souvenir de ceux qui ont gagné autour des tyrans beaucoup de biens, comme de ceux qui ayant quelque temps amassé, puis après y ont perdu et les biens et les [5] vies; il ne leur doit pas tant venir en l'esprit combien d'autres y ont gagné des richesses, mais combien peu ceux-là les ont gardées : qu'on

1. amb : qui fût à eux. Et ne se souviennent pas (*sont omises les précisions sur le principe de l'accaparement tyrannique*)

2. Vb49 : ou si comme (? – *lire* ou comme si) quelqu'un pouvait avoir rien de propre sous un Tyran Ils veulent faire comme si les biens étaient à eux (*corrigé en marge* : faire que les biens soient à eux)

3. Vb49 : sujets à la cruauté que les biens, qu'il n'y a aucun crime digne

4. V : les riches qui se viennent – Vb49 : qu'il n'aime que les richesses, et Ils se viennent présenter (cf. M)

5. V, pds : et la vie; il ne leur doit pas venir

(v) *les ressources (« de quoi vivre »)*

discoure[w/1] toutes les anciennes histoires, qu'on regarde celles[2] de notre souvenance, et on verra tout à plein[x] combien est grand le nombre de ceux qui ayant gagné par mauvais moyens l'oreille des princes, ayant ou employé leur mauvaistié[y] ou abusé de leur simplesse, à la fin par ceux-là mêmes ont été anéantis ; et autant qu'ils y avaient trouvé de facilité pour les élever, autant y ont-ils connu puis après d'inconstance pour les abattre[3]. Certainement en si grand nombre de gens qui se[4] sont trouvés jamais près de tant de mauvais rois, il en a été peu ou comme point qui n'aient essayé[z] quelque fois en eux-mêmes la cruauté du tyran, qu'ils avaient devant attisée contre les autres : le plus souvent s'étant enrichis sous ombre de sa faveur des dépouilles d'autrui, ils l'ont[5] à la fin eux-mêmes enrichi de leurs dépouilles.

Les gens de bien même, si quelquefois il s'en trouve quelqu'un aimé du tyran, tant soient-ils avant en sa grâce, tant reluise en eux la vertu et intégrité qui voire aux plus méchants donne quelque révérence de soi quand on la voit de près : mais les gens de bien, dis-je, n'y sauraient durer, et faut qu'ils se sentent du mal

1. V : qu'on découvre toutes
2. V : regarde toutes celles
3. V : d'inconstance pour les y conserver ; certainement
4. V : de gens qui ont été jamais près des mauvais – pds : de tant de gens (...) près de tant de mauvais rois, il en est peu
5. V : ils ont eux-mêmes enrichi les autres de leur dépouille

(w) *parcoure*   (x) *pleinement*   (y) *malfaisance*   (z) *éprouvé*

commun, et qu'à leurs dépens[1] ils éprouvent la tyrannie. Un Sénèque, un Burrhus, un Thraséas, cette terne[a] de gens de bien lesquels, même les deux[2], leur male fortune approcha du tyran et leur mit en main le maniement de ses[3] affaires, tous deux estimés de lui, tous deux chéris, et encore l'un l'avait nourri et avait pour gages de son amitié la nourriture[b] de son enfance, mais ces trois-là sont suffisants témoins, par leur cruelle mort, combien il y a peu d'assurance[4] en la faveur d'un mauvais maître. Et à la vérité quelle amitié peut-on espérer de celui qui a bien le cœur si dur que de haïr son royaume, qui ne fait que lui obéir, et lequel pour ne se savoir[5] pas encore aimer s'appauvrit lui-même et détruit son empire ?

Or si on veut dire que ceux-là pour avoir bien vécu[6] sont tombés en cet inconvénient, qu'on regarde hardiment autour de celui-là même, et on verra que ceux

---

1. V : à leurs despens (*M porte* desseins, *corrigé en marge, au crayon, en* despens – *leçon d'amb et V, retenue*)

2. V : même les dieux leur – *La leçon correcte*, « même (= spécialement) les deux », *distingue dans la* « terne » *Sénèque et Burrhus*

3. b, c, pds (et cf. amb, le maniement des affaires) : le maniement de ses affaires (*leçon retenue contre M*, …de leurs affaires)

4. V : peu de fiance en la faveur des mauvais maîtres. Et

5. amb, pds : pour ne se pouvoir pas encore aimer

6. (*Leçon de V et amb*, bien vescu, *en concurrence avec M* : bien reçu (receu) *où l'on pourrait à la rigueur entrevoir une allusion aux avantages dont bénéficièrent pour un temps les gens de bien (Sénèque, Burrhus) associés au pouvoir*)

(a) *triade*   (b) *éducation*

qui vinrent en sa grâce et s'y maintinrent par mauvais[1]
moyens ne furent pas de plus longue durée. Qui a ouï
parler d'amour si abandonné, d'affection si opiniâtre,
qui a jamais lu d'homme si obstinément acharné
envers femme, que de celui-là envers Poppée[2]? Or fut-
elle après empoisonnée par lui-même. Agrippine sa
mère avait tué son mari Claude pour lui faire place à
l'empire; pour l'obliger elle n'avait jamais fait difficulté
de rien faire ni de souffrir. Doncques son fils même,
son nourrisson, son Empereur fait de sa main, après
l'avoir souvent faillie[c], enfin lui ôta la vie : et n'y eut lors
personne qui ne dît qu'elle avait trop[3] bien mérité cette
punition, si c'eût été par les mains de tout autre que de
celui à[4] qui elle l'avait baillée. Qui fut oncques plus aisé
à manier, plus simple, pour le dire mieux plus vrai niais
que Claude l'empereur? qui fut oncques plus coiffé de
femme que lui de Messaline? il la mit en fin entre les
mains du bourreau : la simplesse[d] demeure toujours aux
tyrans, s'ils en ont, à ne savoir[5] bien faire; mais je ne sais
comment, à la fin pour user de cruauté mêmes envers

1. V : par méchancetés ne – cf. amb, s'y maintinrent par ses
méchancetés, et pds : ... par méchanceté

2. Vb49 : envers Pompée

3. b, c : avait fort bien

4. V, pds : celui qui la lui avait baillée (avec punition pour
antécédent de la, au lieu de vie dans M)

5. Vb49 : à ne pouvoir bien faire

(c) après avoir souvent commis des fautes envers elle (d) s'ils sont stupides,
ils le restent toujours quand il s'agit de bien agir; mais

ceux qui leur sont près, si peu qu'ils ont d'esprit, cela même s'éveille. Assez commun est le beau mot de cet autre[1] là, qui voyant la gorge de sa femme découverte, laquelle il aimait le plus et sans laquelle il semblait qu'il n'eût su vivre, il la caressa de cette belle parole : Ce beau col sera tantôt coupé, si je le commande. Voilà pourquoi la plupart des tyrans anciens étaient communément tués par leurs plus favoris, qui ayant connu la nature de la tyrannie ne se pouvaient tant assurer de la volonté du tyran comme ils se défiaient de sa puissance : ainsi fut tué Domitien par Etienne, Commode par une de ses amies mêmes, Antonin par Macrin, et de même quasi tous les autres.

C'est[2], cela, que[e] certainement le tyran n'est jamais aimé, ni n'aime : l'amitié, c'est un nom sacré, c'est une chose sainte ; elle ne se met jamais qu'entre gens de bien, et ne se prend que par une mutuelle estime ; elle s'entretient non tant par bienfaits[3] que par la bonne vie : ce qui rend un ami assuré de l'autre, c'est la connaissance qu'il a de son intégrité ; les répondants qu'il en a, c'est son bon naturel, la foi et la constance. Il[4] n'y peut avoir d'amitié

---

1. V : mot de cestui là (*Caligula*)

2. (*alinéa de ms*) – Vb49 : C'est cela pourquoi certainement le Tyran n'est jamais aimé ni aime

3. V : non tant par un bienfait que

4. (*majuscule ajoutée, ainsi que la suivante*) – pds : Il ne peut avoir l'amitié

(e) *Cela tient à ce que*

là où est la cruauté, là où est la déloyauté, là où est l'injustice ; et entre les méchants, quand ils s'assemblent, c'est un complot, non pas une compagnie : ils ne s'entr'aiment[1] pas, mais ils s'entre-craignent ; ils ne sont pas amis, mais ils sont complices.

Or[2] quand bien cela n'empêcherait point[f], encore serait-t-il malaisé de trouver en un tyran un'amour assurée, parce qu'étant au-dessus de tous, et n'ayant point de compagnon, il est déjà au-delà des bornes de l'amitié, qui a son vrai gibier en l'équalité[3] ; qui ne veut jamais clocher, ains[g] est toujours égale. Voilà pourquoi il y a bien entre les voleurs (ce dit-on) quelque foi au partage du butin, pource qu'ils sont pairs et compagnons, et s'ils ne s'entr'aiment, au moins ils s'entre-craignent, et ne veulent pas en se désunissant[4] rendre leur force moindre ; mais du tyran, ceux qui sont ses favoris n'en peuvent avoir jamais aucune assurance, de tant qu'il a appris d'eux-mêmes qu'il peut tout, et qu'il n'y a droit ni devoir aucun qui l'oblige, faisant[5] son état[h] de compter sa volonté pour raison, et n'avoir compagnon aucun, mais d'être de tous maître. Doncques n'est-ce pas grand'pitié que, voyant tant d'exemples apparents,

1. V : ils ne s'entretiennent pas, mais
2. (alinéa de ms)
3. V : gibier en l'équité ; qui
4. pds : en se devisant (lire divisant) rendre
5. Vb49 : l'oblige Mais qu'il est de tous le Maître (abrégé en M^c).
Doncques

(f) quand bien même cela n'y ferait pas obstacle   (g) ne veut jamais boiter, mais est   (h) faisant profession de

voyant le danger si présent, personne ne se veuille faire sage aux dépens d'autrui, et que de tant[1] de gens s'approchant si volontiers des tyrans, qu'il n'y ait pas un qui ait l'avisement[2] et la hardiesse de leur dire ce que dit, comme porte le conte, le Renard au Lion qui faisait le malade : Je t'irais volontiers voir en ta tanière, mais je vois assez de traces de bêtes qui vont en avant vers toi; mais qui reviennent en arrière, je n'en vois pas une. Ces[3] misérables voient reluire les trésors du tyran, et regardent tout ébahis les rayons de sa braveté[i]; et alléchés de cette clarté ils s'approchent, et ne voient pas qu'ils se mettent dans la flamme qui ne peut faillir[j] de les consommer : ainsi le Satyre indiscret, comme disent les fables anciennes[4], voyant éclairer le feu trouvé par Prométhée, le trouva si beau qu'il l'alla baiser et se brûla : ainsi le papillon qui espérant jouir de quelque plaisir se met dans le feu pource qu'il reluit, il éprouve l'autre vertu, celle qui brûle, ce dit le Poète Toscan[5]. Mais encore mettons que ces mignons échappent les mains de celui[6] qu'ils servent, ils ne se sauvent jamais du

1. V : que tant de gens s'approchent si volontiers
2. Vb49 : qui ait l'entendement ou hardiesse
3. (*majuscule ajoutée, sans l'alinéa du ms*)
4. V : les fables, voyant
5. V : le Poète Lucan – pds : le poète Thuscan (*il s'agit de Pétrarque*, Canzoniere, 19, et cf. 141, 194)
6. Vb49, pds : échappent les mains de ceux qu'ils servent (pds : si best<i>alement), ils ne se sauvent jamais des Rois qui viennent après

(i) *splendeur*   (j) *manquer*

roi qui vient après : s'il est bon, il faut rendre compte et[1] reconnaître au moins lors la raison; s'il est mauvais et pareil à leur maître, il ne sera pas qu'il n'ait aussi bien ses favoris, lesquels communément ne sont pas contents d'avoir à leur tour la place des autres s'ils n'ont encore, le plus souvent, et les biens et les vies. Se[2] peut-il donc faire qu'il se trouve aucun qui en si grand péril et avec si peu d'assurance veuille prendre cette malheureuse place de servir en si grand'peine un si dangereux maître? quelle peine, quel martyre est-ce, vrai Dieu! être nuit et jour après pour songer de plaire à un, et néanmoins se craindre de lui plus que d'homme du monde, avoir toujours l'œil au guet, l'oreille aux écoutes pour épier d'où viendra le coup, pour découvrir les embûches, pour sentir la mine[k] de ses compagnons, pour aviser qui le trahit, rire à chacun et néanmoins se craindre de tous; n'avoir aucun ni ennemi ouvert[3] ni ami assuré; ayant toujours le visage riant et le cœur transi, ne pouvoir être joyeux et n'oser être triste.

Mais[4] c'est plaisir de considérer qu'est-ce qui leur revient de ce grand tourment, et le bien qu'ils peuvent attendre de leur peine et de leur misérable vie. Volontiers

---

1. V, amb, pds : rendre compte et reconnaître (*retenu, contre M, ...* compte de reconnaître)

2. (*majuscule ajoutée ainsi que les deux suivantes*)

3. pds : n'avoir aucun ni ennemi ni ami assuré

4. (*alinéa de ms, majuscule de c*)

(k) *le travail de sape*

le peuple, du mal qu'il souffre, n'en accuse point le tyran, mais ceux qui le gouvernent[1] : ceux-là, les peuples, les nations, tout le monde à l'envi jusques aux paysans, jusques aux laboureurs, ils savent leurs noms, ils déchiffrent[1] leurs vices, ils amassent sur eux mille outrages, mille vilenies, mille maudissons[m]; toutes leurs oraisons, tous leurs vœux sont contre ceux-là; tous leurs malheurs, toutes les pestes, toutes leurs famines, ils les leur reprochent; et si quelquefois ils leur font en apparence quelque honneur, lors même ils les maugréent[n] en leur cœur, et les ont en horreur plus étrange que les bêtes sauvages. Voilà la gloire, voilà l'honneur qu'ils reçoivent de leur service envers les gens[o], desquels quand chacun aurait une pièce de leur corps, ils ne seraient pas encore, ce leur[2] semble, assez satisfaits, ni à demi saoûlés de leur peine, mais certes encore après qu'ils sont morts, ceux qui viennent après ne sont jamais si paresseux que le nom de ces mange-peuples ne soit noirci de l'encre de mille plumes, et leur réputation déchirée dans mille livres, et les os mêmes, par manière de dire, traînés par la postérité, les punissant encore après leur mort de leur méchante vie.

Apprenons donc quelque fois, apprenons à bien faire; levons les yeux vers le ciel, ou pour notre honneur,

---

1. pds : ils déchirent leurs vices
2. V : ce semble – pds : ce me semble

(l) *les conseillers qui le dirigent* (m) *malédictions* (n) *maudissent* (o) *dans l'esprit des gens (du peuple), qui, quand chacun d'eux aurait...*

ou pour l'amour même[1] de la vertu, ou certes, à parler en bon escient, pour l'amour et honneur de Dieu tout-puissant, qui est assuré témoin de nos faits et juste juge de nos fautes : de ma part je pense bien, et ne suis pas trompé, puisqu'il n'est rien si contraire à Dieu tout libéral et débonnaire que la tyrannie, qu'il réserve là-bas pour les tyrans et leurs complices quelque peine particulière.

1. V : ou bien pour notre honneur, ou pour l'amour de la même vertu, à Dieu tout-puissant, assuré témoin

UNE MISE AU POINT SUR L'ATTRIBUTION
À LA BOÉTIE DU *MÉMOIRE TOUCHANT À L'EDIT DE JANVIER 1562*

L'apparat critique aurait pu s'achever ici, sur les derniers avatars du *Discours de la Servitude volontaire*. Mais un étrange écho inversé, manuscrit anonyme calligraphié par un secrétaire et resté longtemps inconnu dans la bibliothèque Méjanes, d'Aix-en-Provence, a suscité des curiosités parfois téméraires. Paul Bonnefon l'a découvert et publié en 1917 : croyant reconnaître en son titre, *Mémoire touchant à l'Edit de Janvier 1562*, une allusion de Montaigne à l'un des « quelques *mémoires* sur cet *Edit de Janvier* fameux par nos guerres civiles » que La Boétie lui avait laissés[1], il a sur le champ procédé à l'attribution, selon des critères imprécis relayés par son éditeur de 1983, Malcolm Smith[2]. Michel Magnien, plus méthodique, a proposé des rapprochements lexicaux : arguments sérieux, mais fragmentaires par nature et trop dispersés pour déterminer d'emblée l'adhésion. Il est nécessaire de revenir sur le problème.

1. *Essais*, I, 28, « *De l'amitié* », IN p. 311, Bompiani, p. 332.
2. « On y retrouve, surtout, la personnalité de l'ami de Montaigne. C'est donc sans aucune hésitation que j'accepte l'attribution », Droz, 1983, p. 34.

Est d'abord sujet à caution le titre même de l'écrit en cause : *Mémoire touchant l'Edit de Janvier 1562*, selon le manuscrit aixois, ou *Mémoire sur la pacification des troubles*, selon M. Smith (leçon adoptée sans discussion par de nombreux disciples) ? L'intitulé du manuscrit implique de toute évidence que le texte en a été écrit ou divulgué *après* la publication officielle de l'*Edit* (le 17 Janvier 1562) auquel il se réfère explicitement ; au contraire, le titre retouché par l'éditeur moderne[1] ne fournit aucune information de ce genre : à défaut, le titre attesté par le manuscrit y est d'emblée qualifié de « faux titre »[2] et son corollaire chronologique est déclaré « inadmissible »[3], sans autre argument qu'un refus pur et simple opposé à la datation de P. Bonnefon. Cette variante inattendue[4] surprendra sans doute les lecteurs soucieux de l'exactitude des transcriptions, des arguments propres à la garantir, et de la sérénité des appréciations, même défavorables. Mais l'écart dont il s'agit mérite-t-il vraiment une étude ?
– Oui, sans aucun doute, ne serait-ce que par déférence envers M. Smith, qui nous fournit, lui, un indice discret sur le sens que prend le choix du titre. Aux yeux de ce critique, le mémoire en question ne pouvait être qu'une note préparatoire, rédigée vers la fin de l'année 1561 (ancien style) pour la documentation des éventuels signataires de ce qui devait devenir l'*Edit de Janvier 1562* : sans doute le Conseil Privé du roi, réuni à partir du

---

1. « Le titre *que je donne* à ce *Mémoire…* » est-il écrit dans la note 1 de son édition, Droz, 1983, p. 35.

2. *Ibid.*

3. *Ibid.*, note 2, p. 35.

4. La seule de son espèce, si l'on ne retient pas le « nom d'auteur » affiché un peu vite en 1983 sur la couverture et la p. 5.

3 Janvier[1] en était-il destinataire ; mais aucune donnée textuelle ne le confirme. Pourquoi prendre position sur ce point en termes aussi péremptoires, quitte à enfreindre le respect du texte, loi première du transcripteur ? – Parce que toute la portée du document en dépend. S'il était antérieur à l'*Edit*, les idées qu'il expose pourraient passer pour des suggestions, empreintes d'une belle indépendance, de « conseiller » attentif essayant diverses formules, sans trop craindre de s'écarter de la première visée. Mais une fois l'*Edit de Janvier1562* enregistré par les Parlements de France à sa date officielle du 17 Janvier (en dépit d'un décalage de deux mois avec la date de son état définitif, le 6 Mars 1562, après une *Déclaration et interprétation du Roi* qui le 14 Février en rectifiait encore quelques points) tout a changé. L'*Edit* a désormais force de loi, comme expression d'une décision souveraine qui ne peut subir aucune modification, si ce n'est en vertu d'un édit ultérieur validé et enregistré par des instances d'autorité égale ou supérieure ; de ce fait tout écrit ou tout acte qui s'oppose aux mesures édictées doit être tenu pour nul, sinon pour séditieux. Cela mesure dans les années 60 le semblant d'autorité dont pouvait être crédité le « mémoire touchant l'*Edit de Janvier 1562* » (ou son jumeau retouché quatre siècles plus tard), pour peu que l'on examine les divergences entre les visées et refus consignés en cet écrit, et les clauses incontestables de l'*Edit*, sur le point le plus important : les mesures prises ou à prendre pour assurer officiellement en France un *interim* de tolérance mutuelle entre catholiques et protestants, en attendant la décision définitive du roi, ou du concile national souhaité par Michel de l'Hospital.

1. Droz, p. 35, n. 2.

L'auteur anonyme aborde la question dès la première page de son libelle, en notant avec insistance l'aspect conflictuel de la situation, sur le plan politique comme sur le plan religieux :

> Tout le mal est la diversité de religion, qui a passé si avant, qu'un même peuple, vivant sous même prince, s'est clairement divisé en deux parts, et ne faut douter que ceux d'un côté n'estiment leurs adversaires ceux qui sont de l'autre. Non seulement les opinions sont différentes, mais déjà ont diverses églises, divers chefs, contraires observations, divers ordres, contraire police en religion : bref, pour ce regard, aucunement deux diverses républiques opposées de front l'une à l'autre[1].

Après quatre pages sur les effets nocifs de ces divisions, et sur leur gravité, sont donnés d'abord pour causes premières de la crise les « abus des ecclésiastiques »[2] et leur caractère scandaleux, ainsi que l'incohérence des réactions des rois français devant les débuts de la Réforme, mesures tantôt brutales (François Ier, Henri II), tantôt timides ou lénifiantes (François II, Charles IX en sa jeunesse[3]). Jusque-là, rien qui ne reprenne des griefs presque traditionnels. Mais l'auteur revient avec force sur les dissensions politiques, qu'il présente comme des effets indirects des excès de rigueur du pouvoir ; en fait, il s'en prend immédiatement aux clauses de l'*Edit* qui selon lui favoriseraient l'instauration de « deux corps d'Eglise », et

1. Tel-Gallimard, 1983, *Mémoire touchant l'Edit de Janvier 1562*, p. 268 ; Droz, TLF, 1983, *Mémoire sur la pacification des troubles*, p. 35.
2. *Ibid.*, p. 271 ; p. 41.
3. *Ibid.*, p. 273 ; p. 44.

les « désordres » et violences qui en résultent, au détriment du royaume :

> Il avait très mal succédé de rechercher les opinions des hommes et de les contraindre à les soutenir au milieu des flammes : mais comme cette sévérité était inutile, aussi voyons-nous ce qui est advenu d'avoir souffert qu'on fît deux corps et deux collèges d'Eglises, avec leurs chefs et consistoires. Tout le désordre ne vient d'ailleurs sinon d'avoir enduré d'établir cet ordre, car ç'a été rompre l'union du corps de cette monarchie et bander entre eux-mêmes les sujets du Roi. Depuis en çà on n'a cessé de voir misérables meurtres, pilleries, boute-feux, saccagements, assemblées en armes (…) [1].

« Tout le désordre » est donc ici imputé à ceux qui, tout en retenant les clauses restrictives reprises sur le modèle de l'*Edit de Juillet 1561*[2], ont pris acte du sursis qui en suspend provisoirement l'application aux § 11-12 :

> Et néanmoins, pour entretenir nos sujets en paix et concorde, (…) Avons par provision (…) sursis, suspendu et supercédé, surseons, suspendons et supercedons les défenses et peines apposées tant audit Edit de Juillet, qu'autres précédents, pour le regard des assemblées qui se feront de jour[3].

– la suite de l'*Edit de Janvier* interdit plus spécialement « à tous juges, magistrats et autres personnes, de quelque état, qualité

---

1. *Ibid.*
2. Voir la p. 108 de sa transcription par M. Smith, soit les § 7 à 10.
3. § 11-12, p. 108-109.

ou condition qu'ils soient »[1] de faire obstacle aux pratiques religieuses des Réformés, et ordonne aux dépositaires de l'autorité de protéger celles-ci contre les « séditieux »[2] qui viendraient les troubler. Aux tenants d'une répression à outrance des présumés hérétiques, restait dès lors, pour seul recours, à parier que les mesures d'apaisement arrêtées à titre provisoire dans l'*Edit* ne seraient pas respectées : éventualité trop prévisible, que préfigurait l'échec des tentatives de négociations par dialogue entre théologiens des deux confessions au colloque de Poissy, au cours de l'été 1561, en dépit du demi-succès de la pacification (avec restitution partielle d'édifices religieux au clergé catholique) opérée en Agenais par R. de Burie assisté de La Boétie.

C'est en ce point que l'auteur du *Mémoire* définit son dessein, d'examiner les solutions envisageables, qu'il simplifie en trois schémas concurrents : « C'est ou de maintenir seulement l'ancienne doctrine en la religion, ou d'introduire du tout (= *entièrement*) la nouvelle, ou de les entretenir toutes deux sous le soin et conduite des magistrats »[3]. Quelques lignes lui suffisent à écarter le ralliement pur et simple des autorités civiles à « la nouvelle doctrine » (le protestantisme – éventualité que personne n'envisageait). Restent « deux chemins, par l'un desquels il faut passer. C'est ou [de] confirmer la religion de nos prédécesseurs, ou d'entretenir celle-là et la nouvelle, et toutes deux ensemble. (…) Mais *de ma part je ne puis goûter cet entre-deux* et ne vois point qu'on

1. § 11-12, p. 108-109.
2. *Ibid.*, p. 109.
3. *Mémoire touchant à l'Edit de Janvier 1562*, p. 273 ; *Mémoire sur la pacification des troubles*, p. 45.

puisse attendre rien qu'une manifeste ruine, d'avoir en ce royaume deux religions ordonnées et établies »[1]. De fait, à partir d'ici, le propos réprouve surtout les divergences induites par le schisme en « deux doctrines si contraires que celles-ci, (…) deux Eglises, (…) deux parties du royaume (…) deux religions »[2] : là est le scandale. Est déplorée aussi la position jugée intenable de la France entre ses voisins européens, car ceux-ci « s'offenseront tout autant de voir accorder l'*interim* que si on changeait du tout »[3]. L'auteur du libelle les a déjà compris, et presque approuvés : « ils prévoient clairement qu'à la longue, si en France cette loi est tolérée publiquement, ils ne sauraient défendre leurs terres de la contagion. Ces mêmes raisons auront ils de s'offenser pour l'*interim* »[4] ; explication : « les jeunes courent à la nouveauté. Ainsi pour le plus tard, en un âge (= *en une génération*), tous les vieux à qui il a fâché de varier s'en sont allés, et après vient le nouveau siècle tout peuplé de la jeunesse, qui demeure imbue de la nouvelle façon qu'elle a reçue. Nos voisins donc savent bien combien vaut l'*interim*, c'est-à-dire que ce n'est pas changer la religion, mais c'est bien permettre qu'elle se change elle-même et lui en donner le loisir, et ce qu'on n'ose, faire faire au temps, et, qui est le pis, au populaire, qui est le pire policeur (= *législateur*) du monde »[5]. Résultat prévu : une « perturbation universelle »[6] où tous les corps sociaux, tous les liens politiques seront

1. *Ibid.*, p. 274 ; p. 45 – c'est la première fois que l'avis est présenté comme une conviction personnelle.
2. *Ibid.*, p. 274 ; p. 46.
3. *Ibid.*, p. 275 ; p. 47.
4. *Ibid.*, p. 275 ; p. 48.
5. *Ibid.*
6. *Ibid.*, p. 276 ; p. 49.

bouleversés, jusqu'à motiver les pires antagonismes. En conclusion, pour faire peur, un paradoxe et la menace d'une guerre perdue d'avance : « J'ai cette opinion que si on ne voulait avoir égard qu'à (…) la conservation de cet Etat, il vaudrait mieux changer entièrement la religion, et tout à un coup, que d'accorder l'*interim*. Car si on l'accorde et que la guerre nous vienne trouver sur cette division, elle est si épouvantable que j'ai horreur de penser les calamités dont ce temps nous menace (…) là où si du tout on introduisait la nouvelle, l'étranger ne nous saurait assaillir si tôt que les choses ne fussent aucunement rangées et établies en un certain état » [1]. Cette rassurante éventualité est vite effacée pour laisser place à un retour de l'épouvantail : « On pense que l'*interim* est le seul remède à tous les maux que nous voyons. Et comment est-il possible de le penser ? (…) nous ne sommes maintenant en peine que de trouver moyen de remédier aux inconvénients qui nous sont advenus de cet *interim* toléré, sans lequel nous n'aurions maintenant rien à délibérer. C'est donc à cet *interim* souffert jusqu'ici et aux maux qui nous en sont venus qu'il nous faut mettre remède, et nous voulons appliquer pour remède ce qui nous fait le mal ! » [2]. Le réquisitoire contre l'*interim* se prolonge, mêlé à des arguments de pseudo-défenseurs de l'*Edit*, taxés de naïveté et d'inefficacité face à « ceux qui sont déraisonnables et desquels vient le désordre » [3], avec l'invariable épilogue, « Car toujours la même cause des troubles qui ont été demeure, et à mon avis augmente : c'est la

1. *Mémoire touchant à l'Edit de Janvier 1562*, p. 276 ; *Mémoire sur la pacification des troubles*, p. 50.
2. *Ibid.*, p. 277 ; p. 50-51, point d'exclamation ajouté.
3. *Ibid.*, p. 278 ; p. 52.

diversité des religions et l'établissement de diverses églises et contraires polices » [1]. L'idée est soutenable, mais sa répétition incessante [2] en fait apparaître la fonction proprement rhétorique : accuser en traits épais le thème essentiel du libelle, dès lors assimilable à un pamphlet avec pour objectif central l'exécrable *interim*. On n'aura pas trop de mal à reconnaître sous ce terme, en réalité, la période de tolérance mutuelle et de paix que Michel de l'Hospital, s'estimant sûr de l'appui de la reine régente Catherine de Médicis, croyait pouvoir instaurer en France. Il n'en faut pas plus pour définir le statut historique du *Mémoire touchant à l'Edit de Janvier 1562* : ce libelle est à cette date et au cours des années qui suivent un écrit *factieux* contre la politique d'apaisement choisie en 1562 par le Conseil du Roi : donc une déclaration que personne, parmi les agents de la politique officielle, n'avait en principe *le droit* de formuler, ni de divulguer.

Et moins que personne, évidemment, cet Etienne de La Boétie, le magistrat dont la collaboration (de juriste, on s'en doute) venait d'être obtenue du Parlement de Bordeaux [3] par Charles de Coucy, sieur de Burie, lieutenant général du Roi en Guyenne et responsable de la pacification en cours, pour tenter d'anticiper, dans cette région déjà ensanglantée, sur les effets attendus du futur *Edit de Janvier*, et spécialement de l'*interim* qui aurait pu les faire découvrir sous leur meilleur jour s'il avait été respecté. Anne-Marie Cocula a très clairement indiqué les buts et les modalités de cette difficile entreprise de

1. *Ibid.*, p. 278 ; p. 53.
2. Développée par des arguments à plus grande échelle, p. 279, 280, 281, 282-284 ; p. 55, 57-62.
3. *Mémoire sur la pacification*, p. 11.

négociations dans son ouvrage sur *La Boétie*, qui avec Burie en incarne les visées[1]. L'analyse des textes ici présentés confirme les conclusions qu'elle a déjà exposées dans le livre cité, et précisées avec un surcroît de force dans son article « Persister et signer », publié dans le *Bulletin de la Société des Amis de Montaigne*, Juillet 1997, p. 81-87. Sont confirmées également les conclusions dubitatives d'Annie Prassolof aux pages 260, 263 et 266 de sa présentation du *Mémoire* en annexe du *Discours de la servitude volontaire*[2].

Quant au reste, il n'est sans doute pas nécessaire de revenir sur les arguments échangés au cours des dernières décennies, si ce n'est pour projeter sur le problème un éclairage moins usité dans les études littéraires. En quelques mots : un texte écrit et publié peut subsister à jamais ; mais s'il est réfuté, ou simplement reconnu « impertinent », autrement dit inapproprié à la fonction que lui assigne sa position dans le débat, sa valeur documentaire est perdue ou modifiée. C'est le cas du *Mémoire sur la pacification des troubles* – et l'on peut savoir gré à Malcolm Smith d'avoir substitué cet intitulé apocryphe (et donné pour tel) à celui que porte le manuscrit anonyme de la bibliothèque Méjanes, « *Mémoire touchant l'Edit de Janvier 1562* ». Mais la nouvelle formulation, qui tend à dissocier plus nettement les considérations anonymes alléguées sous ce titre, de ce qu'aurait été une vraie analyse politique et juridique de l'*Edit*, est incompatible avec le nom d'auteur arboré sur la couverture de l'édition Droz, *Estienne de La Boëtie*, avec un tréma d'authentification espérée. Car le

1. Bordeaux, Éditons Sud Ouest, 1995, p. 104-105, 114-117 et p. 120-122.
2. Tel-Gallimard, 1993, p. 268-303.

Mémoire, quel que soit le titre qu'on voudra lui donner, rejette systématiquement la politique de tolérance et de reconnaissance mutuelle entre catholiques et réformés, que La Boétie avait pour mission expresse de faire prévaloir en Guyenne comme ailleurs, et plus qu'ailleurs, en vertu de l'*Ordonnance pour la pacification de la Guyenne*, du 8 Avril 1561, signée par Burie[1]. Insistons : il ne s'agit pas de propensions personnelles en faveur de l'un ou l'autre des sectarismes qui s'affrontent, ou d'une neutralité « politique » hors d'atteinte, mais d'une *mission* définie et assignée aux *porte-parole* du roi, lui-même *signataire* de son *Edit* et de ce fait engagé comme eux à le faire prévaloir contre toute falsification.

Faudrait-il pour autant se détourner des pages anonymes, dénuées du prestige dont elles ont bénéficié, bien malgré elles, pendant près d'un siècle d'érudition complaisante ? Nullement. Elles auraient leur place dans un dossier de l'*intérim* dont les lacunes, les esquives et les équivoques, peut-être calculées, ont sans doute un sens que des historiens scrupuleux, loin de le dédaigner, pourraient approfondir. Quant à leur présentation… Il serait facile de retrancher le patronyme fallacieux, « Estienne de La Boëtie », puisqu'il n'apparaît nulle part, et pour cause, dans le manuscrit. A ce prix, la publication du *Mémoire* affermirait son statut scientifique : non pas de transcription d'un *acte* souverain destiné à être enregistré, contrôlé et validé selon les usages de l'époque, mais de simulacre, ou au mieux d'esquisse d'une proposition de compromis, sans signature, qui élude les dissensions théologiques,

---

1. Voir sa transcription par M. Smith en appendice II de l'édition Droz, p. 100-106.

résumées en quatorze lignes désinvoltes[1] et présumées incompréhensibles au commun des mortels, pour s'attarder à loisir sur des réformes mineures[2] avec retour final de l'*interim*, bien entendu, et de la mesure la plus horrifique censée en procéder, l'éventuel partage des édifices religieux[3].

Le mot *propagande* ne devait pourtant apparaître que soixante ans après l'*Edit* de 1562, dans la *Congregatio de propaganda fide* (créée par Grégoire XV en 1666), où l'ironie n'était pas toujours bien reçue.

André TOURNON

1. *Mémoire touchant à l'Edit de Janvier 1562*, p. 285-286; *Mémoire sur la pacification des troubles*, p. 64.

2. *Ibid.*, p. 286-302; p. 65-93.

3. *Ibid.*, p. 303; p. 93-95.

TABLE DES MATIÈRES

Achevé d'imprimer le 5 mars 2019
sur les presses de
La Manufacture - Imprimeur – 52200 Langres
Tél. : (33) 325 845 892

N° imprimeur : 190251 - Dépôt légal : mars 2019
Imprimé en France